读懂投资 先知未来

舵手证券图书
www.duoshou108.com

大咖智慧
THE GREAT WISDOM IN TRADING

成长陪跑
THE PERMANENT SUPPORTS FROM US

复合增长
COMPOUND GROWTH IN WEALTH

一站式视频学习训练平台

舵手证券图书
www.Duoshou108.com

威 科 夫 操 盘 法

华尔街大师成功驾驭市场超过95年的秘技

[美] 孟洪涛（Edward Meng） 著

山西出版传媒集团
山西人民出版社

图书在版编目（CIP）数据

威科夫操盘法：华尔街大师成功驾驭市场超过 95 年
的秘技 / 孟洪涛著. -- 太原：山西人民出版社，
2016. 10（2025.8 重印）
ISBN 978-7-203-09725-9

Ⅰ.①威… Ⅱ.①孟… Ⅲ.①金融投资 Ⅳ.
①F830.59

中国版本图书馆 CIP 数据核字（2016）第 209011 号

威科夫操盘法：华尔街大师成功驾驭市场超过 95 年的秘技

著　　者：（美）孟洪涛
责任编辑：孙　琳

出　版　者：山西出版传媒集团·山西人民出版社
地　　　址：太原市建设南路 21 号
邮　　　编：030012
发行营销：0351-4922220　4955996　4956039　4922127（传真）
天猫官网：http://sxrmcbs.tmall.com　电话：0351-4922159
E-mail　：sxskcb@163.com　发行部
　　　　　　sxskcb@126.com　总编室
网　　　址：www.sxskcb.com

经　销　者：山西出版传媒集团·山西人民出版社
承　印　者：廊坊市祥丰印刷有限公司

开　　　本：710mm×1000mm　1/16
印　　　张：15
字　　　数：200 千字
版　　　次：2016 年 10 月　第 1 版
印　　　次：2025 年 8 月　第 10 次印刷
书　　　号：978-7-203-09725-9
定　　　价：48.00 元

如有印装质量问题请与本社联系调换

前　言

用市场的自身行为判断走势

我们首先要介绍表象和本质的关系对走势判断的作用。公众根据走势图买卖股票的依据主要有以下几种：

- 技术指标产生进场信号（比如 MACD、均线组合，或者自己创造的指标系统）。
- 几何图形结合黄金分割产生交易信号，比如波浪方法等。

公众会在以上方法产生信号的情况下进场买入。这些指标或者图形的形成主要是基于价格的变化，那么为什么价格会变化？价格的上下跳动反映价格背后的市场参与者的动机和判断。是这些市场参与者的行为造成了价格的波动，问题是这些参与者都包括谁？我们知道其中有掌握雄厚资本的大户，或者叫主力、庄家、大资金或者操纵者等等，总之无论他们叫什么名字，他们参与市场的目的与公众一样，都是为了赚钱，但是就其优势来讲，公众无法和他们抗衡，他们利用雄厚资金的优势可以操纵短期的价格波动和走势，为的就是引诱公众采取错误的行动，最后造成亏损，这些公众亏损的钱自然流入操纵者的口袋。那么这些被操纵的价格波动在图上就产生了很多假象或者说陷阱，指标无法分辨价格背后的陷阱，它只是根据当时图上的价格直接产生交易信号，公众以这样的信号进行交易，很容易掉入庄家设计的陷阱。走势图上的价格、成交量和各种技术指标就是在交易中的表象，也叫市场信息的第一层面，这个第一层面反映出的信息需要拿到市场自身行为（本质）那里甄别真伪，也就说需要第二层面的反馈才能对走势做出判断。这样，交易系统一段时间有效一段时间无效的问题就得到了解答，也对一些朋友花大量时间修改指标参数的困扰有了一些帮助。事实上，只要我们掌握住市场的本质，我们完全可以放弃一切技术指标，不用花时间解读任何消息，因为任何消息的直接结果是人们的判断在市场上的反应，我们只需要读懂这些反应就足够了，当然改变一个交易习惯是需要时间的，人们总无法忘记启蒙教育的一些交易方法，但是面对市场，我们只能根据市场的规则来面对挑战。

我们都知道市场的残酷，简单点说这个残酷来自市场的操纵者，操纵者制造出一些符合公众正常心理思维和行为习惯的表象，然而他们的真正意图正好是相反的，这就使交易成为世上最难从事的工作之一，因为障碍既来自公众自身的贪婪和恐惧，同时又要面对有实力并可以和公众玩心理游戏的市场操纵者，我们要想在市场中生存，就必须掌握市场本身的行为习惯，换句话说就是必须熟悉、掌握和利用操纵者的行为习惯，因为他们也是人，贪婪是他们的本性，他们无非是仗着雄厚资本，要一些阴谋来左右公众的判断，我们只要掌握市场自身的行为本质，就能以不变应万变。市场的操纵者其实更依赖公众的积极参与，因为没有公众，他们就没有了"剪羊毛"的利润来源，也就没有了实施阴谋的对象，结果只能是操纵者互相斗智斗勇，无论从财力和掌握消息方面，他们的能力都不相上下，他们互相斗的可操作性不强，因为他们互相太了解对方的习惯和经常使用的把戏了；但是一旦大量公众资金进入了市场，操纵者的优势和手段就有了用武之地，面对从信息到财力都相差悬殊的公众，他们可以轻而易举地玩杀人游戏。

　　我们通过图上的价量关系或者盘口解读，可以准确地观察到供求关系的变化，从而了解到操纵者的动机，并提前预判接下来的走势。供求关系是趋势的原动力，我们知道供过于求，价格下跌；供不应求，价格上涨。准确地掌握当下的供求关系，不但能知道哪些股票值得买，而且更重要的是，知道进场的最佳时机。

　　在交易中，我们应该追求那种最好的交易时机，目的是让风险降为最低，也就是说，即使进场后行情反着走并触发止损，亏损也是在最低范围之内。

　　研究股票走势，我们应该研究产生涨跌的背后动力，这个动力来自于谁，如果来自于庄家，那是真的涨跌，要是来自于公众，那么这个涨跌就是庄家故意设计的陷阱。我们看图，绝不能看表面什么价格形状，而是应该看价格背后的操纵者，他们的动机是什么，他们怎样实施的。知道了这些，我们才真正知道如何从市场内部细节应对市场，而不是像普通大众一样单纯地通过技术指标和几何图形来获取市场表面的信息。

　　如何学习这种方法并运用到实战当中，最好的办法是傻瓜式学习，把以前你用来判断市场的一些东西抛掉，比如：小道消息、所谓高手对消息的解读、媒体观点、国际政治形势等待。为什么？因为无论什么消息，什么大事件最后都要通过交易员的手反映到价格里，你图上的价量把外面所有的信息都融在一起，我们看懂了价量，也就看懂了外部消息的影响。

　　当大家学习并应用了市场自身行为的方法后，我们在判断逻辑方面已经走到了那些沉溺于消息解读的公众的前面，接下来就是如何把这个方法融合到自己的交易风格当中。这本书会一步一步交给你，把每一步细节都用案例说透，同时我会设专门的解答问题专栏，欢迎大家一起探讨。

主力机构是什么

市场的参与者众多，我们这里只谈论两种：一个是操纵者；另一个是被操纵者。

市场操纵者，是一群掌握庞大资金，并且能够短期控制价格走势（包括图形）的投资人或机构。他们在公众眼里很神秘，公众认为他们是造成自己亏损的元凶，所以人们想尽办法想知道他们谁，他们的操作手法，他们的行为，他们怎么选股的，怎么能够识别他们……人们经常称他们为主力或者庄家等，为了叙述方便，我们在这本书里简称他们为 CM（Composite Man）。

CM 在幕后制造针对公众的价格走势，操纵新闻消息。如果我们不懂他们的游戏规则，我们就是市场上的牺牲品；反之，如果我们深知他们的行为习惯，我们会利用这些知识在市场上由励志到成功。我们不用知道他们是谁，住在哪里，我们能够解读出他们的行为就足够了。总之，市场上每一波走势，都是他们精心策划执行的。我想通过这本书，来揭露 CM 的行为习惯以及操纵市场手段，其中最重要的是：如何在图上解读出这些细节，我将用大量的案例详细分析 CM 的操作原则和手法，并且教会大家如何利用他们的手法锁定最佳的进场机会。

主力机构的行为习惯和手段

走势在主力眼里是大大小小的交易区间，他们买入点永远是区间的底部，出场永远是区间的顶部，或者说，他们出场的时候，一定是公众贪婪的时候，他们进场的时候一定是在公众恐慌的时候。比如他们在震荡时制造长阳，目的是在顶部抛售；他们制造长阴，目的是甩掉公众，并把公众因恐慌卖出的股票全部吸收。

他们的行为极具隐蔽性和欺骗性，比如他们在吸筹时，他们在低价位让走势显得枯燥无味，目的是使公众因绝望而抛掉股票。

CM 不喜欢公众和他们一起买入。比如在价格进入牛市的初期，他们还是严控市场，让走势显得非常缓慢，成交也非常的清淡，目的是不让公众进场。如果做个比喻的话，CM 是元帅，公众是士兵。当他们不需要公众冲锋的时候，会让走势很枯燥和没方向；反之当他们准备出逃的时候，他们需要公众去抢购。

在价格将要到达他们设定的目标价位的时候，他们会让公众开户抢购股票，来转移他们的风险。

对于公司的利好消息，他们肯定会提前知道，他们会在公布利好消息之前让价格猛涨，把公众情绪挑动起来，疯狂买入股票，就在消息公布的当天，公众的抢购进入高潮，而主力机构也顺利地把风险抛给公众。

对待坏消息，他们提前获知并提前开始派发战役，他们让价格连续上涨几天来挑动公众的情绪，此时公众并不知道马上会有坏消息。当主力机构派发完毕，市场开始下跌的时候，坏消息公布于世，对公众来说，为时已晚，他们已经在顶部满仓了。此时股评会说，这次下跌是由于这个坏消息。

公众经常被套在顶部之后，不要指望 CM 会发善心来解救自己。他们一定要使用疲劳战术，让套在山顶上的买家在底部价位（他们吸筹的价格区）卖掉，他们对付盲目抄底的公众，也是用同样的办法，逼迫公众卖掉筹码，以便他们吸收更多的股票。他们有时还会使用震仓的方法，让价格突然大幅度下沉，把最坚定的买家也震出市场。

媒体也是他们的兵，在顶部他们要出逃的时候，媒体会说市场高歌猛进，目的是吸引公众上车。或者在他们吸筹的时候，媒体会每天唱衰，目的是让公众在底部卖出股票。

最后我们用图来说明聪明钱和公众的区别：

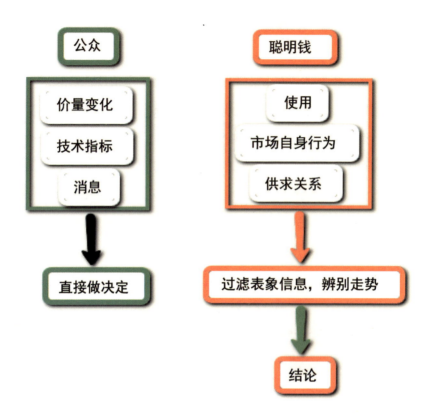

公众的分析习惯是：

  ○ 严重依赖技术指标、新闻消息、传言、基本面。

  ○ 看到技术指标给出的信号决定买卖。

  ○ 没有危机管理方案，导致套牢。

专业人士（聪明钱）的分析逻辑是：

  ○ 不使用技术指标，不解读任何新闻消息，只使用价格、成交量
    和变化速度。

  ○ 对于表象信息（价量），通过市场自身行为和供求关系来解读
    走势。

　　○ 配合当时的大背景，做出结论或推断。

　　○ 使用危机管理，把风险降为最低。

我的交易生涯

　　我的交易生涯始于 1993 年，从一支笔一张坐标纸开始。那时候中国的电脑交易系统还不多，由于条件所限，我们团队只能手绘走势图。大家分工合作，手绘主要交易品种的日线图和点数图。虽然手绘的过程极其繁琐和耗时，但是这种方法能够帮助我们更深刻地理解价量变化的意义。特别是对点数图的深刻理解，可以让我们清晰地掌握盘口语言和走势的运行周期（比如什么时候是吸筹，什么时候是派发）。这段经历为我后面系统地学习和使用威科夫交易理论打下基础。

　　到了美国后发现，当时市场已经充斥了各种交易软件，这样我们的工作也变得轻松，手绘从此成为历史。但是在享受电脑软件便利的同时，我的交易也出现了噪音。这种噪音来自于电脑计算出来的各种技术指标，当时市面上描述这些技术指标的书和学习资料铺天盖地，似乎在告诉人们，技术指标可以让公众成为交易高手。我的交易手法也出现了偏差，片面地相信技术指标所给出的交易信号。当我用这些所谓信号交易失败的时候，我天真地认为是指标参数设置的错误。于是我继续修改参数，梦想着下次市场能够按照我的参数出现行情（多年后想起这些觉得自己真是幼稚，市场怎么走和我们所设的参数没有任何关系！）。有时候觉得市面上的指标不好用，我还花高价雇用程序员，按照我的设计重新编写新的技术指标（或者说交易系统）。然而所有这些努力的后果还是每天不断地修改参数，只是我账号上的资金在递减。

　　研究生毕业后，我进入华尔街的金融机构工作（通用资本和美国银行），从事资产管理方面的业务，这样我的交易活动也从业余搬到了每天的工作中，我的专业金融生涯从那时开始了。这段工作经历最大的收获系统地学习和应用威科夫理论。当时公司为了提高我们的交易水平，定期聘请一些市场专家到公司培训。我发现这些资深专家的市场分析的共同点是：

○ 他们都分析供求关系，并且持续分析买压和卖压的力量。

○ 他们都分析主力机构（CM）的操作意图。

○ 他们遵循吸筹和派发的循环走势。

○ 他们都在趋势开始之前已经行动。

○ 他们关注的细节往往被公众忽视，而这些细节是探知趋势方向的关键。

他们的这些讨论是威科夫理论的精髓，一直到现在为止，华尔街的金融机构所遵循的最根本的市场判断原理，都是从威科夫理论中总结出来的。由于公众更多地接触江恩或者利弗莫尔的资料，所以威科夫在普通公众当中并不流行，然而威科夫理论中的一个重要的部分是讨论主力机构和公众的利用和被利用关系。

通过和他们的接触，我的交易有了质的变化，最重要的变化是调整了自己思考角度。我开始以供求关系为理论根据，从市场的自身行为研究市场，这样整个市场的运行轨迹印在大脑当中，并且知道当前的行情处于整个市场轨迹的哪个阶段。

在工作之余，我逐字逐句地阅读和剖析了威科夫的所有著作，我不知道我读了多少遍，但我知道 15 年来，我们每天都拿出时间阅读这些著作，并把每次阅读中产生的感悟整理成笔记。

离开美银之后，我加入了一个由芝商所老交易员组成的咨询公司，除了管理资产，也为签约客户提供交易咨询。在这个团队，我有幸同当今威科夫理论的大师大卫·维斯先生和加利·弗雷德先生一起工作。从工作的点点滴滴中，我深深地体会到一代大师的那种交易上的深谋远虑和杀伐决断。

目　录

第一章　聪明钱解读市场的工具是什么？

聪明钱使用的解读市场的三个基本要素：价格、成交量、走势速度。解读走势的理论基础是供求关系。下面谈谈在专业交易员眼里的价格和成交量，他们能够从中读出什么？

- 识别支撑和阻力。（用价格判断）
- 走势涨跌的速度—趋势线的角度。（用价格判断）
- 识别超买或超卖行情。（用成交量和价格判断）
- 识别在某个阶段谁在控盘。（用价格和成交量判断）
- 在顶部，识别 CM[①]制造狂热，吸引公众入市。（用成交量判断）
- 在底部，识别 CM 造恐慌，迫使被套的买家卖出。（用成交量判断）
- 利用供求关系原理判断支撑和阻力的质量。（用成交量判断）
- 识别 CM 吸筹或派发的开始到结束。（用成交量判断）
- 识别 CM 是否正在吸收阻力上的卖盘，并判断是否会突破。（用成交量判断）

---

① CM 是指主力机构，掌握大资金的人或机构。

第一节 聪明钱的看盘顺序

当我们面对屏幕上的走势图的时候，你的看图顺序是什么？是等待技术指标产生信号进场？如果想挖掘价格背后 CM 的真正意图，只看技术指标无法得到真正的答案，我们这里介绍一下聪明钱的看图顺序：

- 背景。
- 价量形态：蜡烛的长度、成交量的高度、变化速度。
- 价量形态的性质：走势的强弱，价量形态的原因和可能产生什么后果。
- 结论或预测：通过以上两方面信息，洞察 CM 意图并结合供求关系对方向做出判断。
- 措施和行动：根据以上信息，决定是否开始行动。比如：进场、出场、收紧止损，等等。

我们先看个简单的例子（这个虽然是简单的形态，但是我们在实际交易中经常遇到），见图 1-1。

- 形态：A 到 B 是牛市，成交量递增。蜡烛 1 之后的回调，无论是蜡烛还是成交量都递减。
- 性质：价格回落的力度很弱。
- 结论和预测：小蜡烛和小成交量回调，说明供应没有进入市场，价格还会尝试上涨。

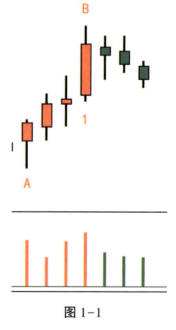

图 1-1

- 措施和行动：看到停止行为，或者需求接盘的现象，进场买入。

图 1-2 是上图的延续：

- 形态：C 到 D 依然是牛市。但是之后的回调阴线开始扩大，同时成交量还是相对大。

- 性质：回调力度比上涨力度大，不是牛市的特征。

- 结论和预测：相对扩大的成交量和价格的高低范围，说明市场上供应在扩大。

- 措施和行动：这个回调不能做多，要耐心等待供应枯竭后再进场。

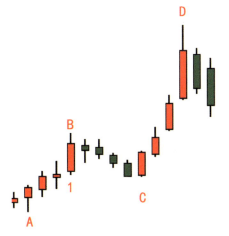

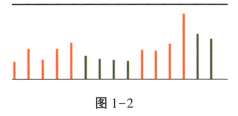

图 1-2

下面我们看一个稍微复杂点的整体分析：

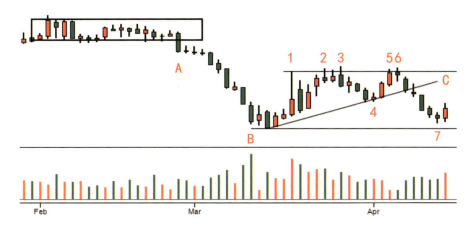

图 1-3

如图 1-3 所示，背景是熊市，价格进入震荡区。

A 到 B 的下跌速度很快，中间没有碰到买家的反抗，这是超卖①行为。蜡烛 B 的成交量到达顶峰，这属于恐慌抛售。从以上行为我们分析需求正在吸收抛盘。由于有超卖行为，我们认为至少价格会有个反弹。但是 CM 不会把价格拉到前面震荡区的位置，去帮助那批公众解套。

在蜡烛 A 之前，交易在震荡区进行。蜡烛 A 突破震荡区之后，一大批公众被套住。他们指望价格能快速涨回来，好让他们消除亏损。在价格再次回测震荡区的时候，他们这种行为会增加卖压（供应）。

牛市形成之前，我们必须看到一个准备过程（吸筹过程）。CM 要在这个过程内收购便宜股票。所以 CM 要想价格进入牛市，必须迫使那批公众在底部抛掉。这样 CM 不但能够买到便宜股票，而且当价格回到震荡区时，卖压会减少。**结论：现在不能抄底，因为没有看到牛市前的准备过程。**

恐慌抛售②之后，价格出现反弹，符合我们的预期。蜡烛 1 的特点是：价格高低范围超大，但它是上影线，同时伴随超大成交量。这说明反弹遇到了强大的供应。先前在恐慌抛售中接盘的股票，现在又被卖回市场。**结论：趋势还是熊市，不能抄底。预测：现在关键看回调的力度。**

---

① 超卖：Oversold。价格出现持续急速下跌（包括突破下降通道中的超卖线），中间没有任何反弹。超卖表明公众的恐慌抛售，也可能是 CM 的制造恐怖气氛的一个策略。超卖出现后，在主要支撑位置会出现反弹。

② 恐慌抛售：也叫作超卖高潮，英文代号是 SC（Selling Climax）。其特征是下降趋势中发生的、潮水般的恐慌抛售。这种状态发生在下跌趋势持续了一段时间之后。它标志着下降趋势的结束或者接近结束。这种恐慌性的卖盘形成了极宽的振幅和超高的成交量。它可以发生在一天或者几天内。如果没有上述特征，将不是超卖高潮。不是所有的下降趋势都会有超卖高潮。所有超卖高潮之后的成功二次测试将终止熊市。

价格经过一个蜡烛的回调之后再次上涨。但是蜡烛2在阻力位置停滞上涨 (SOT),同时伴随扩大的成交量,再次告诉我们顶部供应超过了需求。在蜡烛4到5的上涨中,成交量大幅萎缩告诉我们:前面恐慌抛售中产生的需求已经枯竭。结论:熊市没有改变,不能抄底。

趋势线BC和阻力线交叉形成死角①。现在背景是供应大于需求,只要回调再稍稍努力就能突破趋势线,价格会进一步大幅下跌。**预测:如果价格下跌,我们期待蜡烛4的支撑能够挺住。一旦蜡烛4失守,我们期待恐慌抛售产生的支撑能挺住。**

价格突破了BC之后,迅速下跌,中间没有反抗。这种速度让我们怀疑这是震仓②,现在关键看下面支撑能否挺住。在到达支撑区时,蜡烛7的高低范围大幅缩小,同时成交量没有缩小。这是停止行为,**表明供应在枯竭,同时新的需求在接盘。**特别是最后一根阳线,说明需求已经全部吸收了供应。略高的支撑位说明CM已经全部收购了下方的股票,现在开始向上收购。或者说CM已经完成了收购,他们现在开始允许价格上涨。**结论:吸筹结束,可以进场买入。**

图1-4是图1-3的后期走势:

---

① 死角:在支撑位或阻力位,蜡烛的高点不断降低,低点不断升高,价格波动越走越窄。死角意味着价格很快有大幅波动,这是个提前进场的好时机。

② 震仓:英文是Shake out。在震荡区中,一个故意使价格下降或上涨的行为,其目的是激起公众平掉当前仓位而投机者趁机接盘。分为普通震仓和终极震仓。普通震仓发生在上升趋势中,多数是受不利消息影响,造成市场临时波动。普通震仓之后,价格会快速恢复上涨。终极震仓发生在吸筹过程中,目的是让还在死扛的公众抛掉手里股票,来帮助CM吸筹。

图 1-4

第二节　CM 观察走势遵循的原则

- 趋势的动力来自于供求关系的不平衡（供求关系原则）。
- 趋势形成之前需要准备过程（因果关系原则）。
- 成交量的增长没有使价格大幅增长，这是走势停止行为（努力和效果原则）。

供求关系　是价格涨跌的基本元素，我们在观察市场时，要不断地衡量供求关系的变化，比如已经买入，那么接下来市场的供求关系变化将决定：立刻离场（供求关系在否定你的判断），或持有（供求关系支持你的判断）。

因果关系　主要用来判断趋势反转。熟练使用因果关系，可以避免盲目抄底，并使我们在趋势起飞之前的最低风险位置介入市场。任何主要趋势的反转之前，都需要一个过程（比如牛市之前的吸筹过程），没有这个过程，接下来形成的趋势不会持续太久，比如公众喜欢抄底，他们在熊市中的第一个反弹就买入，结果是被套或者被震仓出局。他们失败的原因就是没有等到吸筹过程结束，这个过程就是因，后面产生的趋势就是果。

努力和结果的关系　主要作用是告诉我们走势出现停止行为。努力是指成交量（市场流入订单总量），结果是指价格的进展幅度。比如在支撑价位附近，我们怎么知道这个支撑是有效的还是价格会突破？当我们看到价格接触支撑价位的时候，成交量突然扩大，此时如果价格范围很窄（小蜡烛），这就是努力没有产生相应的结果。熊市中，这么大量的卖单流入市场，但是价格却没跌，说明价格下跌遇到了阻力，这种阻力来自于需求，也就是大量的买单同时流入市场，截住了下跌势头，这就是一种停止行为。努力和结果在实盘操作中非常实用，特别是在阻力和支撑价位的时候，我们利用努力和结果的理论可以提前知道后市的方向。

第三节　供求关系

供应和需求是经济活动中的一个重要概念，任何一个市场的价格波动都来自于供求关系的变化。证券市场也是一样，无论是股票、期货还是外汇市场，有一条最基本的原理就是供求关系不平衡产生趋势。我们常见的市场表象：比如支撑和阻力、趋势、价量的波动等，都是由于供求关系的不平衡而产生的。但是由于公众更注重技术指标和几何图形等表象，缺乏准确衡量在某一价位或某一时间段内的供求关系状态的能力，并因此造成错判。比如在某个价格区，谁在控制市场，是买方还是卖方。在顶部的派发初期，供求关系的变化已经显示出供应开始大于需求，危险已经出现端倪。但是盘面上的走势表现还是持续的向上突破，很多技术指标还是给出继续买入的信号，让人们相信市场还会继续大涨。解决这些误判的根本方法就是利用供求关系来识别CM的布局。

一、供求关系主导趋势的行为

我们举个简单的例子，比如你下单买 1000 股某只股票，价格是 100 元一股。但是当时这个价位在市场上股票只有 200 股，你要的 1000 股就是需求，市场在同一价位只有 200 股就是供应，明显的供不应求，场内经纪为了撮合交易，分别以 101 元（300 股），102 元（400 股），103 元（100 股）把你的订单完成。从这个简单的例子看出，价格的上涨产生于供求关系的不平衡。

对于供求关系，简单来讲，在金融市场上，需求就是购买力。供应就是流入市场的卖单数量，供应扩大就是抛售力度增加。当供应大于需求时，价格处于下降趋势；反之，当需求大于供应时，价格处于上涨趋势；当供应需求平衡时，市场在一个交易区间波动，没有明显的趋势，也就是我们常说的容易亏钱的危险区。那么这些看似简单的纯理论的东西，我们如果能够从价格和成交量上解读出来，并能识别出谁在控制市场（买方还是卖方），我们的交易就会处于不败之地。即使十次交易只有五次，甚至是只有三次或四次是正确的，总的结果我们依然能够盈利。原因就是我们通过识别供求关系把风险降为最低，这样一次盈利的交易就能把所有亏损的交易补平，其他的盈利交易就是纯盈利了。我们这本书就是通过对蜡烛的逐根分析，反映出价格背后的供求关系。懂得了市场的供求关系，也就懂得了市场的本质。

二、证券市场的本质和表象

我们都知道事物表象和本质的概念。在证券市场上，表象就是走势图和大家常用的技术指标，比如很多人在交易中无法割舍的 MACD 或均线等。他们因为坚信这些指标能够帮助他们战胜市场，所以在交易中严重依赖技术指标或几何图形产生的交易信号。但事实上，所有这些指标和图形都属于表象，都是市场信息的第一层面。比如很多人每天会根据当前的走势变化来调整指标参数，目的是得到最优参数，并设想市场按照他们设定的参数走；但是往往他们刚调整出满意的参数，市场的走势又变了。于是他们继续调整，周而复始的调下去……把宝贵的时间和精力都花在了市场的表象上。

那么，怎么才能更有效地判断价格走势和捕捉合适的交易时机？要解决这个问题，我们需要第二层面的信息。

公众喜欢使用平均线或其他技术指标来衡量趋势。但是这种方法的一个弊端是忽视了趋势背后的动力：供求关系。供求关系的不平衡是趋势产生的基础。我们判断趋势的时候，第一准则是什么样的供求关系才产生牛市、熊市以及趋势反转，然后在图上找出能够体现相应供求变化的价量关系。比如你需要什么样理论基础来判断牛市结束？首先我需要需求减弱，然后供应大量进入市场，最后需求没有足够的力量继续主导市场，导致牛市结束，熊市开始。这是牛市结束和反转的理论基础，这个理论基础是我们判断走势和做决定的根据。但是这些理论是抽象的，我们必须从直观的图上解读出它们。

在证券市场上，如果掌握了如何从价量行为细节上看出供求关系，我们就可以在市场趋势起来之前能够识别出即将出现的趋势，或者在危险来临之前做好出场准备。这样我们便能够在市场有大的动作之前制订交易计划并实施。

三、供求关系和上涨趋势

在上涨趋势中，价格上涨背后的原因是供不应求。市场上在同一价格的卖单总是无法满足不断增加的购买力（需求），为了满足需求，买方只能去买高一点价位的股票。这种现象使得价格不断地抬高。在这种需求大于供应的情况下，价格走势如果要停止或者出现反转，供求关系首先要有变化。也就是说在同一价格情况下，当人们的购买力完全得到了满足，不需要抬高价格来满足需求的时候，牛市开始停止，这是我们要关注走势的重点。当我们在图上看到，虽然参与买入者众多（高成交量），但是上涨没有取得多大进展，用市场本质解释就是供应已经开始增加，这种供应来自 CM 的抛盘（因为他们预设的利润目标已经到达）。市场的背景由供不应求变成了供需平衡或者供过于求。聪明钱察觉到了这些蛛丝马迹，会立刻调整仓位并开始做出逃准备。这种市场的本质行为出现的变化，指标和软件是无法提前告诉我们的。因为市场的背景出现变化时，价格还在上涨，指标给出的信号还是买入，一旦按照指标指示买入就会造成套牢。这本书的目的之一就是讲解如何分析走势强弱并提前识别出旧趋势即将停止和新趋势即将起飞，以及如何在人们疯狂购买时冷静地和 CM 一起实施出逃计划。

为什么上涨中经常出现回调？主要原因是需求逐步减弱，市场必须要降价去刺激新的需求。遇到新需求扩大后，价格才能恢复上涨。在牛市中，看价格回调的关键是看这个回调是否引起供应扩大（CM 抛盘现象）。如果有，那么这次回调对市场造成的压力就增大，市场要想恢复原来的趋势，必须有足够的需求（大量买单流入市场）吸收这个巨大的卖压，并以持续增加的数量让价格恢复上涨趋势。一旦这种回调后的恢复过程中，没有更大的和新的需求进入市场来克服回调带来的巨大卖压，主力抛盘会继续，市场会逐步进入派发阶段，然后进入熊市。

四、供求关系和下降趋势

在下降趋势中，供求关系是供应大于需求，或者是需求很弱。从卖方角度看，在找不到足够的客户的背景下，只能不断降价去刺激需求；从买方角度看，如果价格还没有跌到他们满意的价格区，他们不会买入。那么要想让下跌趋势停止，需求必须大量出现并吸收掉当前市场的供应。也就是说卖方找到了充足的买家，不用再降价也能销售出去，由此价格的跌势会得到缓解。随着需求的增加，供应逐步减少，价格开始进入盘整。CM在盘整区内开始建仓吸筹或者准备再次派发。吸筹和派发都是下一波趋势的准备过程。在交易中，任何判断都要以供求关系理论为基础，然后从当时的价量关系中识别出用于判断的理论根据，并采取行动。比如说抄底，判断抄底的理论基础是供应枯竭和需求增加并主导市场。能够反映出这个理论基础的价量关系是：天量抛售，然后低量测底，最后震仓驱离市场最后的浮动供应或者长阳带量离开吸筹区间。从这些价量行为我们知道抄底的理论根据已经成立。如果盲目地靠赌或者看指标背离抄底，不考虑理论根据而去直接通过表象抄底，其结果只能是抄在半山腰，造成被套的局面。

我们应该培养一种能力，就是在不使用技术指标的情况下，通过价格和交易量的细节变化能够识别市场当时的供求关系。也就是说，通过对图上价量的分析把市场理念或供求关系解读出来，这样我们能实时掌握市场的脉搏。对市场发生的任何变化，我们能够在重大行为发生之前发现端倪，并制订相应计划。以后我们的走势分析主要围绕着供求关系结合实例进行细节分析。

第四节　公众对支撑和阻力的误解

支撑和阻力与图上的线没有关系。无论是均线，或者黄金分割百分比线，或者其他的指标产生的线，都不能单独代表支撑和阻力。因为市场对这些线一无所知，也不关心你是怎么画的；市场不管你大脑里是怎么想的，你的系统怎么样，你有多少指标等待。

那么什么是支撑？支撑是在某个价位购买力超过了抛售压力（需求超过了供应，也就是需求吸收了全部的供应），也可以说在支撑价位上，有很多买单流入市场，远远大于卖单流入量。当价格再次回到这个价位的时候，我们要观察的是反弹力度，因为反弹力度表明需求的质量，可以看出这个价位的需求是否依然很大，或者说买单的流入量是否依然远远大于卖单流入量。

什么是阻力？阻力是在某个价位抛售压力超过了购买力（供应超过了需求，也就是没有足够的需求吸收供应），或者说在某个价格区，大量卖单流入市场，远远超过了买单流入量。当价格再次升到这个价位时，我们要观察价格回落力度，这个行为可以告诉我们来自这个价位的供应是否扩大，如果回落的成交量很小，说明卖单流入量很小，不会对突破造成威胁。

阻力就是在某个价位，买方不愿意按照卖方的出价交易；支撑就是在某个价位，卖方不愿意降价出售。下面我们用图解释供求关系在支撑上的应用。

一、供求关系在支撑上的应用：需求进入市场，并超过供应

图1-5中，绿色蜡烛表示放量阴线，红色蜡烛表示放量阳线，白色蜡烛是普通阳线，黑色蜡烛是普通阴线。

图1-5

如图1-5所示，这是欧元周线图。右手边的背景是下降趋势，但是从大的时间框架来看，是处于一个大的交易区间。蜡烛1是长阳突破阻力区，

伴随成交量扩大,我们称之为垂直需求柱。垂直需求柱的底部都自然形成一个支撑区,需要画线。价格会经常回测垂直需求柱的底部,然后反弹。在上升趋势中,垂直需求柱是个观察重点,因为它会提供给我们低风险买入机会。图中蜡烛2回落到需求区。

(一) 在支撑位置如何用供求关系确定方向

如果价格回到支撑,我们观察是否有大量买单流入并积极吸收卖盘。一旦我们发现触底后没有出现强烈反弹,说明买家在等待更低的价格,这个支撑因此失效。如果你想看到价格在支撑上挺住,测试蜡烛必须是小蜡烛,这表明供应枯竭,会吸引需求进场。

2号蜡烛:放量表明交易活跃,有大量卖单流入市场,目的是让价格继续大跌。但是此刻的价格没有出现大跌而且波动幅度缩小,这说明卖方的努力没有结果(大跌)。为什么这么大的卖单流入而没造成价格大跌?这反映了一个事实:市场的买单流入量远远大于卖单流入量,或者说需求完全吸收了这么大的卖单,导致价格下跌没有进展。如果要抄底,此刻是要做准备的时候,可以轻仓买入,做好危机管理计划。一旦接下来有需求跟随,立刻加仓。

3号和4号蜡烛:仔细观察有什么共同点?

第一:都在小型震荡区的右手边。凡是价格在震荡区右手边,我们需要知道供需双方中哪一方走强(理论基础)并使价格离开震荡区,在图上如果出现垂直需求柱或垂直供应柱,可以确认上述理论根据成立。

第二:成交量都是相对增加。

第三:都是阴线。

通过对以上三个行为的观察,在顶部右手边出现的相对放量阴线,是行情看跌的信号,因为卖单已经无法在高位找到买单,只能通过降价来撮合低价位买单,这说明需求已经耗尽,供应开始主导市场。此时如果你还还没离场，现在必须清仓；**千万不能再去买入，你要买就等于帮助 CM 派发**①，套牢是肯定的事。

（二）不是所有的支撑都能够成为进场位置

如图 1-6 所示，支撑上出现了无力反弹，表明支撑价位流入的买单很少，买家对这个价格没有兴趣，这会导致价格继续向下寻找买家。

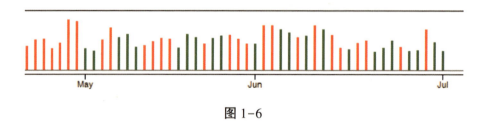

图 1-6

---

① 派发 Distribution，这是主力机构的出货过程。从供应需求方面考虑，派发区是供应克服需求，派发的结果是终止牛市并最终把市场转为熊市。

在派发区域，专业投资者以及先前持有仓位的投机者，将自己手中的股票卖给公众。而公众常常因为各种各样的利好消息（比如发布新产品，股价持续上涨等）而疯狂买入。他们认为价格将继续上涨，不想错过这个机会而买入，或者他们在价格从顶部下降了几点后，可以捡个便宜。当清仓了手里的多头筹码后，主力机构将不会再次入场并为价格提供支撑，他们甚至会建立空头仓位来加速价格下跌。相对吸筹过程而言，派发常常在比较短的时间内完成。比较大的派发常常在数周或者数月内完成。

判断支撑是否有效，主要看从支撑处起来的强度。假如你在支撑位进场买入，说明你假设了这里有大量买单流入而阻止了下跌。如果接下来的几天没有表现出持续的需求，反而是低量小幅波动，说明没有大量买单流入市场，这个支撑无效，我们应立刻出场等候。

蜡烛1到达支撑位置出现反弹，这是个很好的停止行为。它的振幅小说明下跌进度缩小，高成交量说明卖单流入很多，但是缩小的振幅说明这么大卖单流入没有结果。按照习惯，在支撑上出现下跌终止行为，价格应该反弹并上涨。我们关注接下来的反弹力度，因为它可以告诉我们这个支撑是否有效。蜡烛2的涨幅却是非常的小，冲高之后收在中部，说明市场没有足够的买单流入来跟随这个反弹。蜡烛3是供应继续主导市场的信号，上影线说明当日卖单流入量大于买单（供应战胜需求），同时成交量扩大，这说明反弹遇到了强大的供应（主力高抛所致）。结论是支撑无效，导致价格继续下跌。

蜡烛3和4的情况与蜡烛1和2相同，同样是支撑上没有需求接盘，导致支撑失效。

通过蜡烛1、2、3、4的行为，我们知道支撑失效的理论根据成立，预示着后市继续下跌。如果你不幸抢了反弹，看到以上行为，立刻出场，**不要用自己的情绪和希望来否定市场本质行为**。

（三）阻力位置上如何应用供求关系进场

如图1-7所示，目前市场背景是下降趋势，供应控制市场。图中，下轨是超卖线。我们看走势出现超卖行为之后，反弹突破了供应线，原本供应线上应该有大量卖单流入，阻止价格上涨，如果在回落中没有看到大量卖单流入市场，说明市场上缺乏供应，需求会继续主导市场。图中横线我们叫作冰线，这个我们以后会经常提到。下面我们解释主要蜡烛的细节。

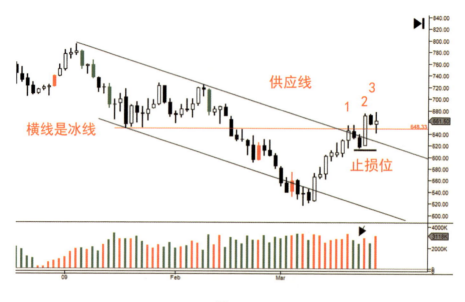

供应线

横线是冰线

止损位

图 1-7

1 号蜡烛：接近冰线①和供应线②，这是双重阻力区，因为冰线和供应线都是主要供应区。这个位置是前面被套牢买单的成本区。这些饱受折磨的买家此时最希望的是回本。当价格回测冰线的时候，如果他们开始抛售（会有大量卖单流入市场），供应会扩大。如果 CM 为了继续抬高价格，他

————————

① **冰线**是上升趋势中最后一道防线，冰线上的大量买单因为突破而被套牢，说明供应战胜了需求，突破冰线后的下跌的幅度会很大。如何识别冰线？一般确立冰线位置是在新高前的反弹波段的低点，或者下降趋势中回调前的反弹低点。

② **供应线**是指下降通道中的上轨，我们假设每次价格到供应线附近，都有大量卖单流入市场，把价格压下去。但是当某一天，价格以超大的成交量和蜡烛突破供应线的时候，说明需求把供应线上的卖单全部吸收掉，导致趋势出现反转的可能，至于趋势是否真的反转，还要看市场的供应是否枯竭，同时需求保持市场的控制地位。

们不得不把这些供应吸收，他们会想办法鼓动场外公众进场买单，帮助他们吸收阻力上的供应。有时他们自己也会高价吸收这些卖盘，以便价格继续向他们的目标上涨。

2 号蜡烛：我们的第一反应是突破了冰线。前面说过冰线是供应越过需求的价位，现在被突破，表明需求足够强大并克服了供应。也就是说这个价位的所有供应全部被需求吸收，供应已经枯竭（市场已经很少卖单存在）。这种情况**预示着**价格下一波上涨平台已经建立，但是你不能立刻进场，因为突破是公众行为，我们的操作不能与公众为伍。在这种情况下，最安全的进场点是价格再次以小蜡烛和低量回调的时候。低量的回调说明当时市场供应缺乏，需求继续控制市场。

3 号蜡烛：没有供应进场，因为它是缩量和小幅回调。需求在保持优势，符合我们要等的条件（买入理论根据成立），开始做进场准备。第二天成交量上升，交易开始变得活跃。但是价格下探冰层立刻反弹，收于中部以上位置。说明新的需求吸收了全部供应。我们可以在这里入场，止损放在突破蜡烛的低点位置。因为那里产生了强大的需求并且突破了供应区。

供求关系是走势的基础，它的不平衡产生趋势。我们需要**不断地评估每一步的供求关系**，来管理我们的交易。走势如果出现变化，往往首先出现在很小的价格行为中，**这些小的价格行为中隐藏着我们判断走势的理论根据**。使用供求关系，可以把那些微小的走势变化识别出来。我们在以后的所有例子中，对走势的解释都离不开供求关系。我们需要培养自己的看盘技能，就是能够从价格和成交量上解读出供求关系，从而解读出价格背后的参与者的意图（CM 和公众）。

在阻力区的供求关系如何确定突破结果？这里最重要的是观察价格走

势的终止行为。因为终止行为意味着需求的减弱或供应的增强，这些行为确认阻力的有效性。在阻力区，如果看到一系列的蜡烛收盘都相近，这说明需求减弱。如果阴线有跟随，并且伴随递增的成交量，这是供应扩大的现象，表明买方没有能力突破阻力。下面我们继续看阻力位的供求关系分析。

（四）吸收、供应线与水平线阻力交叉

图 1-8

如图 1-8 所示。首先看最近的行情（最右边），需求和供应都很虚弱，因为走势在阻力位前形成窄幅通道，每天无论是成交量和交易范围都很小，交易非常不活跃。现在到了供应区（蜡烛 1 所代表的价格区，画阻力线原因是蜡烛 1 属于垂直供应柱[①]，也是降价柱）。如果阻力有效，大量卖

---

① **垂直供应柱**：简称 VSB，表示供应完全控制市场，它的顶是关键区，价格经常回来测试。如果你有多仓，可以在垂直供应柱的顶端出场。如果做空，在这个顶端出现停止行为的时候进场。

单必须进入市场（这是阻力成立的理论基础）。下面看如何从图上识别出这个理论基础，在这个阻力位置，我们必须看到一个创新低的阴线，而且必须是增加的成交量。没有这种情况出现，说明供应没有扩大。蜡烛 2 是上涨中出现的超长阳线，伴随扩大的成交量，这属于抢购高潮。这种现象告诉我们供应进场并开始吸收需求。当价格再次上涨的时候，我们要开始关注需求的力量。因为供应出现的前提下，需要如果跟不上（低于抢购高潮的上涨力度），价格会开始下跌。看图中价格回调后的再次探顶过程，这个上涨力度远远低于抢购高潮的上涨力度，成交低迷说明已经没有需求参与这个上涨。看到这一步为止，我们已经可以判断出后面的走势，因为图上的价格行为告诉我们下跌的理论根据成立。后面的带量长阴（这里没有标号）确认了我们的判断。

当我们画上升轨道的时候，上升趋势通道上方是超买线。这里超买线与水平阻力线交叉，形成死角。走势出现了死角，**死角在交易中非常重要**，因为他预示着行情即将有大动作发生。此时如果价格回落稍微加强（力量不用很大因为当时处于供求都不活跃状态中），价格会突破需求线（下轨），导致大幅下跌。

蜡烛 3 突破了阻力线回落，我们叫上冲回落[①]，这个概念非常重要。

上冲回落要想发挥反转的作用，必须有阴线跟随和成交量递增。如果成交量没有增加，说明抛盘没有出现。在上升趋势中，这样的上冲回落是个试探行为，不能做空。如果上冲回落后的回调很萧条（小蜡烛，小成交

---

① 上冲回落的特点是突破阻力线后又收在阻力线之下，是个上影线。有时上冲回落由 2~3 根蜡烛完成，就是说突破时不是上影线，然后接下来一根阴线立刻回落到阻力之下。上冲回落的意义是，主力迅速吃掉空方止损单，然后任价格下跌（他们的本意是做空，但是故意向上突破，目的是扫清障碍）。

量），说明供应枯竭，价格有机会突破阻力，形成 JOC[①]。

从上面的分析得出结论，没有卖盘出现（供应），任何的低量回调都是我们的进场点。另外注意，价格触到通道后是否有反应，如果反应很小或没有，不会出现反转。

第五节　如何识别供应和需求扩大

在不同位置的供应或需求扩大的意义有非常大的区别。在震荡区的需求扩大表现为：它必须在震荡区的右手边，必须是相对长的阳线（包括长下影线）以及扩大的成交量。如图 1-9 所示，蜡烛 X 是需求扩大的现象，是大量买单的流入导致价格收高。在震荡区供应扩大的表现正相反，比如 2 号蜡烛。

1 号蜡烛：放量，长阳，这是上涨中垂直需求柱。说明需求控制市场。垂直需求柱的底部是支撑区，价格会进场回来测试这个底部。这个测试可以作为我们的进场点或者出场点（如果在高位做空的话）。

2~3 号蜡烛：在震荡区顶部出现放量和上影线。这是供应扩大的现象。

---

① **JOC**：Jump over the Creek，这是一个 SOS 信号。价格强烈上涨突破了前期的关键阻力位置或者突破了交易区间的上边界，特征是高成交量和非常宽的振幅。

SOS：Sign of Strength，显示需求控制市场的信号或者上升趋势中需求良好的表现。SOS 之前常常是一个交易区间或者吸筹阶段。SOS 的特点是超长阳线，伴随超大成交量，有时候 SOS 是连续的阳线，伴随递增的成交量，但是这种现象出现不确定是 SOS，所以 SOS 必须经过随后的价格回调确认，确认过程一定是小蜡烛和小成交量。同 SOS 对应的是 SOW。

SOW：Sign of Weakness，显示供应控制市场。价格下降伴随变宽的振幅，增加至非常大的成交量。SOW 之前常常是一个交易区间，它是熊市的标志。SOW 需要随后的反弹确认，如果反弹无力，确认 SOW 有效。

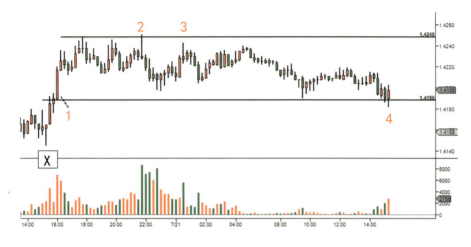

图 1-9

4 号蜡烛：价格回来测试垂直需求柱的底部，在支撑位置出现成交量扩大和价格反弹，说明需求出现并吸收了供应，导致下跌停止，这里进场做多。这个行为也叫下冲反弹①，下冲反弹本身是需求扩大的现象。

一、需求吸收了阻力的供应，并开始占上风

在阻力位置，我们如何判断价格是突破还是反转向下？向上突破的理论基础是阻力位置没有供应扩大出现，同时需求积极吸收阻力上的供应。向下反转的理论基础是阻力位产生大量的供应（有大量卖单流入市场），需求无力吸收这些供应。下面我们看图 1-10 的分析。

如图 1-10 所示，价格涨到蜡烛 1 的位置，高量上影线说明供应扩大，并

————————

① **下冲反弹**：也叫弹簧效应，英文是 Spring。弹簧效应是价格突破先前的支撑区域。CM 利用它测试突破支撑的时候有多少供应参与，以及是否这些供应被全部吸收。成功的弹簧效应之后，价格会持续上涨。如果弹簧效应之后没有出现持续上涨的价格，说明需求乏力，这会使供应积极，并使价格下跌。如果在牛市中出现连续失败的弹簧效应，说明牛市已经乏力。下冲反弹之后，价格应该创新高，如果没有，说明需求力量不足，价格行为或者形成区间，或者进入熊市。

压倒需求，蜡烛 2 是垂直供应柱，表明供应主导市场，价格进入下跌阶段。

图 1-10

3 号蜡烛：非常关键的点位，它的高点属于新低前的反弹高点。行情要想看涨，需求必须把蜡烛 3 顶部的供应全部吸收，并持续占上风（蜡烛 6 做到了这点）。

4 号蜡烛：这是下冲反弹，但是成交量相对大些，说明突破过程中，浮动供应还存在，或者说流入市场的卖单还很多，要想价格上涨，这些卖单必须要被清除市场。聪明钱需要观察二次测试，来评估供应是否枯竭。蜡烛 5 是二次测试，低成交量说明浮动供应枯竭（剩余的卖单被清出市场）。

6 号蜡烛：放量的超长阳线，这是垂直需求柱，也是 SOS。它吸收了阻力（3 号蜡烛）上的全部供应，需求占了上风。接下来我们需要看到需求占上风的局面持续，价格才能保持上涨状态。

8 号蜡烛：我们看 7 号蜡烛之前的两天成交量扩大，说明买方的努力在增强，但是价格依然没有冲出震荡区，这说明市场上的供应还很多。从 8 号蜡烛的成交量来看，市场没有足够的需求来吸收阻力上的供应，虽然价格突破，但是没有吸引到大量买家跟随。需求的匮乏会导致价格会继续跌。价格后来又回到蜡烛 5 的价位。

二、熊市中需求的扩大：恐慌抛售

熊市中价格下跌不需要带有扩大的成交量，其原因是买盘数量小，如果成交量扩大的话，是买盘扩大引起。假如某一天出现天量配上超长阴线，这不是市场会继续大跌的信号，而是市场遇到巨大买盘的信号。在威科夫理论中，这种现象叫作恐慌抛售。被套的公众眼看着自己的资金每天大幅递减，无法承受心理的压力，在利空消息的恐吓下，索性抛掉全部股票，使自己的痛苦得以解脱。当然他们的抛盘被 CM 吸收，要想吸收这么大的卖盘，流入市场的买单也是天量。

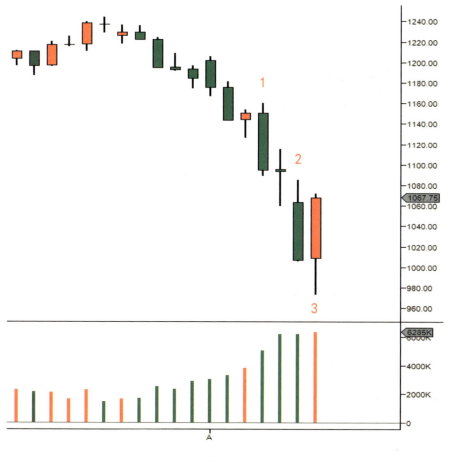

图 1-11

　　如图 1-11 所示，从背景看，这是明显的熊市。从蜡烛 1 开始，下跌加速，伴随明显的放量。说明供求都在扩大，但是供应来自公众的恐慌抛售；需求来自 CM 的收购，所以需求的质量好于供应。在熊市中，需求的扩大是牛市出现的前提。蜡烛 3 是下跌以来第一次猛烈上涨。特别是成交量，第一次伴随着阳线扩大，这是需求持续扩大的现象。行情到这里，我们的看盘倾向应该开始看牛，但不是进场机会，因为需要二次测试来确认蜡烛 3 是否成为初次支撑以及熊市是否终止。接下来我们需要看到一个震荡区的吸筹过程以及浮动供应的测试过程，才能知道是否牛市已经开始。

　　下面我们再看一个熊市中需求扩大的例子：

图 1-12

如图 1-12 所示。市场背景是熊市。价格从蜡烛 1 开始出现价量大幅扩大的现象，这属于恐慌抛售。市场的背景可能开始改变。蜡烛 2 同样是放量，但是蜡烛长度却相对减小，而且下跌幅度大幅减小。这在威科夫理论中叫作努力没有结果，我们也可以叫作放量滞跌[①]。

第六节　牛市中怎么看出供应进场了：抢购高潮[②]

图 1-13 中市场背景是牛市。确定牛市存在的理论基础是供不应求，确定牛市终止的理论基础是供过于求。蜡烛 1 是供应扩大的体现，它的特点是新高长阳，伴随天量。我们知道牛市中是需求大于供应，能够止住价格上涨的只有供应扩大。所以在牛市中，如果我们没有看到供应扩大，不能轻易猜顶。蜡烛 1 放量说明供求都在扩大，但是需求来自公众的抢购高潮，他们害怕错过最后一班车。此时的供应来自 CM，他们看到自己的利润目标达到，开始利用公众的疯狂暗自出货（供应）。很显然，这时候供应的质量好于需求。长阳对于公众来讲，是最好的引起疯狂的信号，人们此时比任何时候更贪婪，他们已经不在乎抢购高潮背后的阴谋。所以在牛市中，我们不希望看到超长的阳线和放量，因为那不是真正的牛市行情，而是 CM 的一个出货手段。

[①] 放量说明供求都在扩大，供应来自公众的抛售，这么大的抛售量没有使价格继续大跌，反而使波动范围和下跌幅度都减小，其中的原因是需求在扩大，CM 接盘产生的需求超过了公众抛售产生的供应，需求开始占上风。熊市中的放量滞跌和牛市中的放量滞涨都是属于停止行为，统称 SOT，我们需要把这种行为当成看盘常识。

[②] **抢购高潮**（简称 BC），英文是 Buying Climax。上升趋势结束时的抢购高潮，发生原因是公众受到利好消息影响，担心错过未来的牛市而大举买入。公众的这种疯狂买入最终形成了高潮并在高潮中消耗了自身的力量。抢购高潮过程中，成交量明显增加且振幅变大。抢购高潮之后，市场将出现自然下跌或者横盘。在此之后，出现二次测试或者再次上涨。抢购高潮之后，如果价格回落非常弱，说明供应没有扩大或者正在消耗，这种情况的价格会继续上涨。但是通常而言，抢购高潮之后将形成自然下跌。

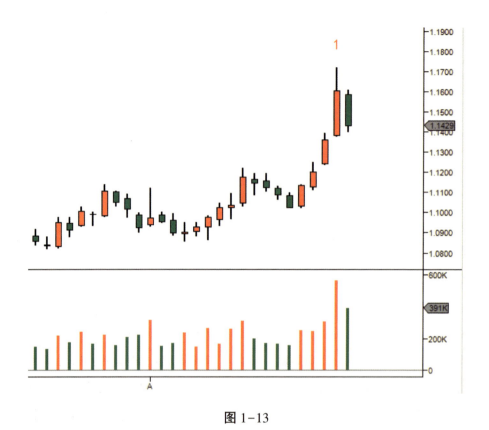

图 1-13

第七节　因果关系

一、趋势的形成和因果关系

　　研究因果关系的目的是判断趋势的反转，从而使我们在趋势的最初期介入市场，达到降低风险的目的。从字面上讲，这里的"因"是指趋势出现前的准备过程，"果"是指趋势形成。从分析行情角度讲，趋势在反转之前，我们必须看到一段震荡区交易（吸筹阶段），这是新趋势的一个准备过程。只有出现了这个准备过程，我们才开始分析市场是否可能反转。**强调因果关系的目的就是提醒大家不要着急抄底。**

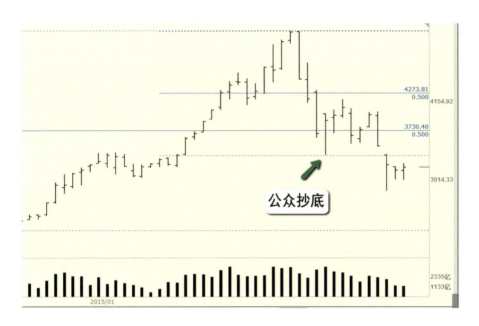

图 1-14

如图 1-14 所示，这是 2015 年的 A 股行情。7 月初的长下影线和扩大的成交量，告诉我们市场出现抄底行为。虽然抄底前的跌势非常猛，属于超卖状态。但是不能看到大跌就立刻抄底，牛市的开始需要准备过程。另外，从熊市转到牛市的理论基础是：①市场的供应出现枯竭（市场上的卖单流入量已经很少）。②需求必须扩大并保持力度。这些理论根据要在价量关系上体现出来之后，我们才知道反转的根据已经成立，并开始择机抄底。所以图中所示的抄底行为，是公众没有考虑反转的理论基础，直接从表象上就做的决定。

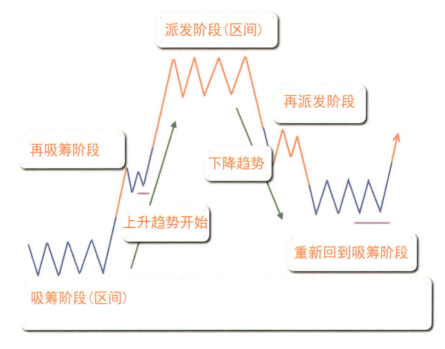

图 1-15

公众喜欢抄底的原因：一是怕错过趋势的大底；二是缺乏市场行为方面的知识；三是缺乏耐心。如图 1-15 所示，当价格跌到 CM 满意的成本价位时，他们开始吸筹（图中吸筹阶段）。但是当市场上的股票远远不能满足他们的需要时，他们需要把价格维持在一个小的区间内（控制成本），并在这个区间内不断地买入建仓。他们会利用一些手段来迫使高位被套的公众在这个区间内抛售，以满足他们的需求。吸筹阶段会持续一段时间，直到 CM 的仓位建满。

在牛市过程中，如果市场要转到熊市，同样需要一个震荡交易区。在这个区间内 CM 进行隐蔽式的派发。他们不会在同一时间把所有股票抛出，那样市场会出现急剧下跌，导致他们的很多股票没有在高位出售。所以他们要把价格维持在一个范围内，慢慢地把风险转移给公众。

二、抄底之前耐心等待吸筹过程

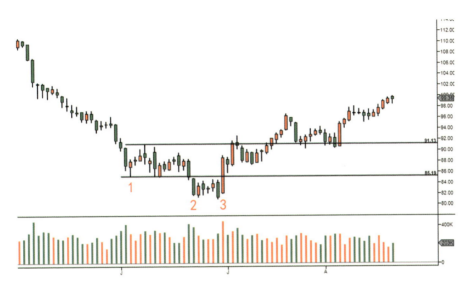

图 1-16

图 1-16 中前半部分背景是熊市。蜡烛 1 前面三根阴线的下跌，从速度和成交量上看都大幅上升，说明市场可能进入恐慌抛售状态。从这里开始，我们的看盘倾向应该开始向牛市转变。但是不意味着马上进场抄底，因为根据反转的理论根据，市场还没出现一个区间交易（吸筹过程）。

从蜡烛 1 开始的反弹，我们发现有抄底现象。后来被蜡烛 2 的震仓扫掉止损。CM 通过震仓的目的是清除市场遗留下的浮动供应，或者说迫使公众再次因恐慌而抛售股票，这样 CM 把底部的股票全部收购。震仓之后，市场的浮动供应被 CM 全部吸收，然后需求开始主导市场。有时震仓之后，价格会再次回测底部，看是否还有漏网之鱼（浮动供应）。在确认市场上的浮动供应已经耗尽,我们应该毫不犹豫地开始建多仓。蜡烛 3 是 SOS (强势出现),它是需求吸收全部供应后,并占上风的体现。它的出现,标志着趋势的开始。

三、短暂的准备过程

有时准备过程较短,这经常发生在短线反转过程中。如图 1-17 所示,这个下跌过程比较短,这种短的下跌过程经常是大趋势的一个深度回调,如果要应用反转的理论根据,我们可以从低一点的时间框架找出准备过程。比如图 1-17 是日线,我们看反转过程很短暂,蜡烛 1 的位置不能抄底,因为还没看到准备过程。

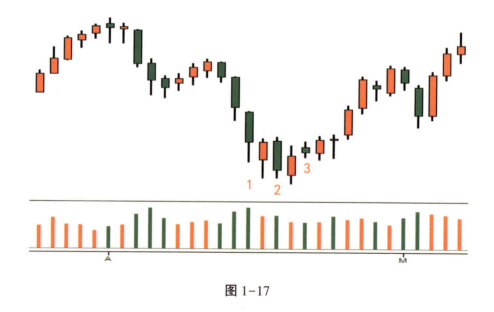

图 1-17

图 1-18 是同一阶段的 3 小时图。从 3 小时图上,可以看出明显的震荡区,这是趋势反转必备的过程。安全的进场位置在区间的右手边。

图 1-18

四、顶部供应增强

从牛市反转到熊市的理论根据是供应增强，然后经过派发阶段（一个震荡区交易）后，需求耗尽，供应主导市场。所以在图上，我们要看到这些理论根据一一成立，然后才能进场做空。如图 1-19 所示：

1 号蜡烛：这是供应初次进入市场。长上影线配上成交量扩大，说明价格上涨吸引了大量卖单出现。市场的需求必须再次扩大，把这些卖单吸收掉，然后恢复牛市。1 号蜡烛的出现，为市场上提供了一个供应区，也可以说是个阻力，现在关键是接下来价格再次回到供应区的时候，供应是否还有扩大的现象。

2、3、4 号蜡烛：这些是明显供应再次扩大的现象，它们确认和巩固了蜡烛 1 提供的供应区。以上现象说明市场的牛市背景已经终止，我们接下来希望看到供应在降价中扩大的现象，那是熊市的开始。

5 号蜡烛：这是熊市真正的开始，蜡烛 5 是垂直供应柱，它发生在区间的右手边，叫作 SOW。垂直供应柱的出现，说明供应控制市场。降价中供应扩大的行为不一定只是垂直供应柱，只要满足以下条件，我们就认为熊市开始：①当日最低价和最高价分别低于昨天的最低价和最高价。②当日收盘价低于昨天的收盘价。③当日成交量大于等于昨天的成交量。

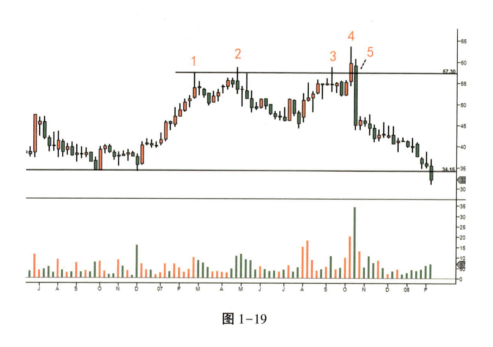

图 1-19

第八节　努力和结果的关系

努力就是指成交量，结果就是这种努力下，价格的上涨或下跌幅度。国内一些机构把这种行为称作放量滞涨和放量滞跌。比如，当公众的购买力扩大后，相应的价格涨幅应该增加。如果价格没有出现大幅上涨，说明努力没有产生应该有的结果。这是由于价格的上涨遇到了来自于 CM 的卖盘，这是危险信号。接下来的走势有两种情况，第一是价格开始回调，然后恢复上涨；第二是市场进入区间，无论公众怎么努力，价格就是不涨，这种情况最危险，说明 CM 开始派发，大量供应充斥市场，熊市的准备过程开始了。

图 1-20

如图 1-20 所示：在蜡烛 1 的位置，成交量和前一天几乎一样，说明当前的购买力依然很强。但是蜡烛 1 的波动幅度，明显低于前一天，这是努力没有结果，是个危险信号。为什么价格没有像前一天那样大幅上涨？

我们知道，牛市终止于需求减弱和供应扩大。价格滞涨是因为市场上供应增加对价格产生压力，所以买方不用抬价，平价就能买到股票，这就导致价格滞涨。牛市中出现的大量供应来自 CM 的出货，因为价格已经到了他们设定的出场目标。他们的抛盘使市场上供不应求的背景出现变化。

再看蜡烛 2，同前一天比，成交量扩大，说明公众抢购的热情还在增加。但是价格没有能力再创新高。这又是一个努力没有结果的例子，说明供应已经超过了需求，买方的努力已经无法克服供应产生的压力。接下来一天的成交量迅速萎缩，说明需求在消耗。如果你没在前面清仓，这里是清仓的最后时机，因为牛市已经结束，熊市很快开始。

蜡烛 3 和 4，从上影线看出，流入市场的卖单量很大，这种大量卖单应使价格进一步下跌。但是这里成交量扩大价格却没有创新低，说明大量卖单的努力没有结果，为什么没有结果？是需求扩大的结果（大量买单进入市场接盘）。这种信号告诉我们供应已经被需求完全吸收，此时的市场背景是需求控制市场。是这种背景告诉我们应该买入，而不是其他的因素（比如技术指标或者消息分析）。

通过波段交易量，也可以观察努力没有结果。这种交易量不是某一根蜡烛的成交量，而是一波的累积成交量。这种方法更能体现出市场的努力程度。

如图 1-21：第一个画阴影的一波上涨，总成交量是 146。它远远大于前几波的成交量，说明购买力在随着这一波价格上涨增加。但是价格没有创新高，说明价格没有因为公众的抢购而大幅上涨。放量滞涨的原因是 CM 的出货。**这是个警告**。

再看第二个阴影部分。这也是个上涨波，而且上涨时间也比较长。总成交量（64）依然没有带来价格大幅上涨，说明 CM 的卖单还在涌向市场，市场已经处于供过于求状态。在这种背景下，我们看第三个阴影部分：在这个下降波中，成交量大幅增加，说明供应已经完全控制了市场，这是熊市的开始。如果你还没出逃，这是最后的机会；如果你是空方，从这里开始是做空的好时机。

图 1-21

第九节　总结

　　面对走势图，我们想知道的是价格背后的一种双方力量的较量，判断对抗结果的工具是供求关系，而技术指标无法解释人们心理上的对抗。现在公众的交易严重依赖于技术指标，不考虑价格变化背后的理论根据，导致交易失败。每当有人发明了一个新的技术指标用法，大家就马上想拿到这个技术指标，并急于用到交易中去。但是这些技术指标的形成都基于表象，它们产生的信号也是一种表象，无法洞察出价格背后的 CM 的真正意图。公众应该训练自己从供求关系角度观察市场的习惯，因为这是专业交易员的交易习惯。

要到达熟练使用供应关系，我们需要时间，实践和总结。直到有一天，再有人来介绍他发明的新的指标用法或组合的时候，你已经没什么兴趣花时间和精力去研究那些新发明。这说明你的注意力开始定位于市场本质，并且用供求关系解读市场已经成为你的习惯。

掌握并习惯了利用供求关系，我们就开始利用它解读市场的自身行为。比如，趋势的形成需要一个过程，我们会在这个过程中评估供求关系，从而洞察出：

- CM 什么时候接盘，下跌趋势什么时候停止？
- CM 使用什么手段引诱和逼迫公众割肉？
- 吸筹什么时候结束，我们应该在哪里抓住趋势起飞前的最好入场时机？
- 怎么从细节上识别出危机的来临，并提前做好离场准备。
- 怎么能够识别出突然的上涨不是真正的上涨，而是 CM 想把公众甩出市场的手段。

总之，市场上的任何决定市场方向的重要细节以及 CM 利用操纵价格表象的手段，在我们掌握了供求关系的基础上，都能把它们洞察出来，并和 CM 一起做准备，并有助于把风险控制在最低水平。

本章主要介绍了聪明钱使用的交易工具和解读市场的原则。我们会在以后的章节中讲解这些工具的细节。市场上大的波动或者拐点的信号都是一些平常人不注意的细节，这些细节很容易被忽视。公众更关注市场上非常明显的走势变化（比如长阳，长阴或者下影线），同时他们专注技术指标的变化。但是技术指标无法捕捉到那些起关键作用的细节。

市场上起关键作用的细节往往和普通人的看法相反。比如突破，它是很多公众的最爱。每当他们看到价格向上突破，立刻变得兴奋起来。这种兴奋情绪让他们的贪婪得到释放，于是他们很自信地买入股票。但是他们不知道，决定突破是成功取决于当时 CM 的要求。如果 CM 当时还没有结束收购股票战役，他们会立刻阻止价格上涨。然后他们让价格很枯燥的下滑，目的是让因情绪而买入的公众失望，这种失望会使他们无奈地卖掉股票。当然，这些卖盘全部落入 CM 囊中。

分析市场，训练自己尽量深挖价格背后的供求关系，也就是说尽量洞察操纵者（CM）的意图。我们经常说跟踪趋势，但是很多人只是表面理解了其含义。其实跟踪趋势的真正含义在于：利用供求关系，跟踪 CM 的操作意图和操纵手法。CM 代表着能够移动市场的大资金，他们会利用他们的所有优势在左右市场。掌握了他们的动向，也就掌握了趋势。本书的目的就是讲解这些跟踪大资金的技巧。

微信扫码添加舵手图书知识陪伴官
获取更多增值服务资料

第二章　怎么知道主力机构开始接盘了

本章将着重讨论趋势底部的市场行为以及吸筹过程。无论你是长线或者短线交易者，这里讨论的吸筹过程都适用。不过作为一个投资人，我更倾向于捕捉大趋势，以追求长期利润。我们也会讨论如何识别牛市中的再吸筹过程。我们的宗旨是让大家不要盲目抄底，根据吸筹的理论，在风险最小的阶段介入市场。

我们将讨论如下内容：

- 决定熊市结束的市场行为是什么？
- 什么是吸筹？吸筹的过程分几个阶段？决定吸筹结束的市场行为是什么？
- 市场有几种做底模式？
- 哪些行为会引起公众恐慌？
- 识别熊市反转中的供求关系的细节是什么？
- CM 在底部采用什么办法迫使公众割肉的？有哪些行为细节可以识别出这些方法？
- 我们应该在吸筹的哪个阶段进场？

我们将分阶段讨论价格从熊市结束到牛市开始的过程。

第一节　哪些市场行为可以判断熊市终止？

熊市中，无论价格跌的多深，首先要把急于抄底的想法放弃。在公众中流行这样的说法，就是跌的越深，越应该抄底。这种基于情绪的判断属于赌博，那么哪些市场行为表明熊市终止了？熊市的终止过程从理论上讲是需求扩大后供应逐渐耗尽。从价量行为上讲，如图 2-1 所示，要经历 4 个市场行为。他们分别是：初次支撑、恐慌抛售、自动反弹、二次测试。

触底的最初市场行为是初次支撑，它表明市场需求开始扩大，一部分主力看到价格进入价值区后，开始建仓。他们的行为会对其他主力产生影响。

恐慌抛售是指公众因恐惧造成的抛售行为。多数情况下是受市场的悲观情绪和消息影响，抛掉日渐亏损的股票，让自己的痛苦得以解脱。恐慌抛售产生真正持久的牛市市场，没有恐慌抛售产生的牛市不会持续太久。

自动反弹是继恐慌抛售之后的一个正常市场行为，我们不必太在意。这里要提醒大家，不要在这里抄底。因为这个反弹经常是空头回补，上涨不会持续太久。

从理论上讲，二次测试是 CM 想知道市场上是否还有清仓行为，或者说市场上的供应是否恢复力量，使熊市继续。如果市场已经没有大型清仓行为，证明熊市终止。从价量关系上看，测试过程应该是大幅减小的蜡烛和成交量，这种行为使熊市终止的理论根据成立。

如图 2-1 所示，自动反弹后的走势是小碎步式下跌，伴随成交量递减。这种行为表明熊市终止，因为像恐慌抛售那样的卖盘力度已经不存在，市场接下来会进入震荡区，CM 会在震荡区暗自吸筹。

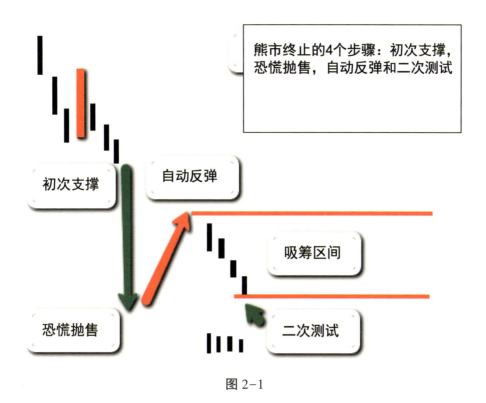

熊市终止的4个步骤：初次支撑，恐慌抛售，自动反弹和二次测试

图 2-1

一、初次支撑

在熊市中，有 CM 提前介入阻止价格下跌并提供了暂时的支撑。如果他们的目的是在反弹中逢高出货，那么这种阻止行为只是一个临时支撑；如果他们的目的是吸筹，他们不会逢高出货，反而会随着价格下跌继续收购。他们这种行为产生了熊市终止的第一个步骤：初次支撑。初次支撑是来自 CM 的需求进场，并阻止了价格下跌势头。虽然是暂时的，但是它有可能把市场带入吸筹阶段。初次支撑在图上有时不容易辨认，有时和恐慌抛售发生在一起。在实际操作中，理想状态不是很多，但是我们需要掌握的不是形态，而是原则。这种原则是本质，形态是表象。我们观察市场时，首先要从理论根据的角度观察走势，而不是盲目地依

赖图形和指标。

能够抑制价格下跌的关键因素是需求扩大。在熊市中，如果没有看到需求进入，任何系统、消息以及技术指标产生的抄底信号，都属于高风险指标。供过于求的背景必须转变为供求平衡和供不应求，熊市才能终止。而达到这一转变的最终力量是需求扩大。

在熊市当中，公众处于恐慌当中。因为他们在顶部（派发阶段）已经满仓，所以他们没有能力再买入而抑制价格的下跌。真正有能力接盘的只有 CM，他们进场带来的需求才能使下跌停止。使市场从供过于求状态转为供求平衡，然后才有可能进入供不应求状态（牛市形成）。初次支撑在价量关系上的体现是：市场出现扩大成交量使下跌停止，初次支撑之前的熊市应该是持续而且无反抗（大的上涨）的下跌过程。

初次支撑之后，市场进入恐慌抛售，然后是自动反弹和二次测试。如果这四种行为全部清晰地出现在图上，我们判定熊市终止。

初次支撑有很多著名的例子。比如巴菲特的两次交易。第一次是 2008 金融危机那年 9 月，他斥资 50 亿美元以 123 美元/股买入高盛的股票，当年高盛的股票从 220 美元/股一路跌下来。他的行为在股票市场中叫作初次支撑。巴菲特进场之后，高盛股票没有立刻起飞，反而继续大跌到 50 美元/股以下，这属于恐慌抛售，我们后面会详细解释。当时巴菲特进场之后，市场一片哗然，认为巴菲特犯了极大的错误。然而事实证明，巴菲特正是按照市场行为操作的。第二年高盛涨到了 193 美元/股。

最近的一次初次支撑的例子还是巴菲特的，他在 2016 年 1 月买入飞利浦 66 的股票（石油股），此时国际石油市场正处于熊市。他 1 月买入之后，市场出现了初次支撑，在 2 月市场进入恐慌抛售阶段后，价格立刻起飞，到 2016 年 3 月，他已经有了每股 10 美元的利润（他拥有将近 7400 万股飞利浦 66）。

二、恐慌抛售和自动反弹

初次支撑之后的再次大跌是恐慌抛售。简单点说，就是价格跌到公众心理无法承受的情况下，无奈抛掉亏钱的筹码。其他原因还包括 CM 通过媒体不断制造悲观情绪，以及利用价格变化（长阴或者缓慢下跌）制造还会继续下跌的行情。恐慌抛售过程中，市场的供应来自公众的抛售，需求来自 CM 的接盘。市场上由 CM 主导的行为总是最有优势，所以这里的需求扩大对市场的影响要比供应大。市场上的股票从这里开始慢慢转移到 CM 手中。

公众对以下两种行情会感到恐慌：一是市场出现恐慌抛售现象；二是震仓。因为这两种现象都包含价格迅速大幅下跌，很多脆弱的公众心理上无法承受这种打击，导致慌乱地抛掉筹码。

无论是恐慌抛售还是超卖行情之后，价格都有个自动反弹行为。我们不必在意这个反弹，因为它不会持续很久。我们不能在这种来自于熊市的第一次反弹进场，因为我们还没有看到二次测试。只有二次测试，我们才能知道熊市是否停止。**另外，恐慌抛售之后，走势也可能出现窄幅横盘行为，这种行为会导致熊市继续。**

恐慌抛售之后，CM 不会迅速让熊市转为牛市，更不会好心到让价格立刻回升，去帮助锁在顶部的公众解围。他们会人为地制造一种极其萧条的市场背景，而且这种萧条会延续很长时间。CM 这样做的目的是让公众逐步因为恐慌和绝望而抛掉筹码，这样 CM 就可以买入更多的低价股票。这个过程就是吸筹（筑底过程）。

恐慌抛售的行为特点是超长阴线，伴随超高成交量。这种情况有时是一天，有时是持续几天。如果你没有看到这种价量行为，说明恐慌抛售还没出现。熊市不是一次需求的努力就能停止，而是需要几次努力才能停止。

三、二次测试

自动反弹结束后，价格开始进入二次测试过程。二次测试是决定熊市是否终止的关键一步。对二次测试的观察重点是供应是否出现。**如果二次测试过程中价格波动和成交量与恐慌抛售相比都非常小，说明市场上的供应在减弱，这会导致熊市的停止，这种是成功的二次测试。**否则，如果成交量在测试过程中继续扩大，说明市场上浮动供应还在，那样会导致价格突破支撑，然后熊市恢复。

如果二次测试中成交量依然大，但是低于恐慌抛售的成交量，这种也属于二次测试。在这种情况下，我们需要等待进一步的二次测试，直到发现供应已经耗尽。这时候我们才能说熊市已经终止。成功的二次测试可以告诉我们前面恐慌抛售所形成的支撑是安全的，一旦在后面的吸筹过程中出现急速跌破这个支撑，说明吸筹已经接近结束，因为那个急跌属于终极震仓，目的是扫清市场上最后一批浮动供应。

从另一个角度考虑，成功的二次测试是对恐慌抛售的确认，因为恐慌抛售首次出现后，我们不知道后面是否还有同样的情况出现，要得到答案，我们必须等待二次测试才能确认恐慌抛售或者清仓高潮是否结束。**成功的二次测试是熊市停止的信号。**

在看盘的时候，人们经常太注重眼前直观的走势图形或者某根蜡烛，这种做法又回到了表象交易。比如恐慌抛售之后，市场的背景是市场出现了大量需求。接下来我们要关注的是：需求必须保持优势，供应逐渐稀少。从量价上能够得出上述理论根据成立的结论，我们就可以抄底了。

四、第一阶段案例

看下面的图 2-2，价格到蜡烛 2 为止，市场是个持续的熊市。我们怎么知道它什么时候停止？

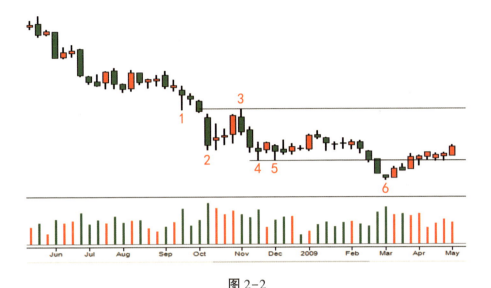

图 2-2

蜡烛 1：它有两个特点值得关注：第一是收盘，下影线说明价格遇到买盘。第二是成交量扩大，结合下影线，此蜡烛说明买盘大幅增加。这种**停止行为**是初次支撑，说明有大资金开始试探市场，并暂时阻止了价格下跌。这种行为的形式和恐慌抛售相似，都是停止行为。

蜡烛 2：初次支撑之后，价格出现大幅放量急跌现象，这是恐慌抛售。蜡烛 2 的超长阴线放量告诉我们，在公众恐慌抛售的同时，CM 开始接盘。也可以说，来自 CM 的需求开始吸收来自公众的供应，我们暂时认为市场可能进入牛市。如果你想抄底，你的分析应该从这里开始，但是还没有到进场的时机，应该耐心等待二次测试给出的信息（确认熊市是否终止）。在熊市中，只要有恐慌抛售现象的出现，就意味着主力需求的进入。但我们不能指望每次恐慌抛售后，市场能够一定转为横盘或者上升趋势。有时恐慌抛售发生后，市场仍然继续下跌一段时间，然后反弹。我们更应该注重它发生的含义，而不是以一个固定的形态去看待它。

蜡烛3：恐慌抛售之后，价格出现自然回调。这里不能抄底，因为它不代表熊市结束或者牛市开始。

蜡烛4：这是二测试。成功的二次测试是蜡烛和成交量都必须小，这样才表示熊市暂时中止。但是蜡烛4不是这种情况，它的成交量非常大，说明测试过程中市面上的股票供应还很多，证明熊市没有终止。

蜡烛5：这是再次测试市场上浮动供应是否耗尽。我们发现这次测试成交量已经开始减少，说明股票供应开始减少，这是熊市接近停止的信号。

蜡烛6：这是震仓。CM这样做的目的是扫清底部的股票供应（那些还在死扛的公众），准备允许市场进入牛市。震仓是第二种能够使公众产生恐慌的现象。产生震仓的原因是二次测试之后反弹无力，这种现象会导致震仓或者熊市继续。

第二节　停止行为

在判断走势过程中，停止行为是看盘应注意的细节，有时我们会忽视，所以这里我们着重讲解一下。

第一种停止行为：下跌过程中的比较大的下影线+扩大的成交量；或者上升过程中比较大的上影线+扩大的成交量。这种行为属于价格涨跌过程中的暂时停止行为。它不代表趋势会立刻反转，但是给了我们一个提醒。图2-2中的蜡烛1属于下跌中的停止行为。图2-3描述上升中的停止行为。

看图2-3最后一个蜡烛。长上影加上明显扩大的成交量。这是上升中的停止行为。它的出现告诉我们市场出现了供应扩大现象，这对价格能否继续涨是个阻力，这种行为对将来有何影响，接下来我们考虑三种情况：

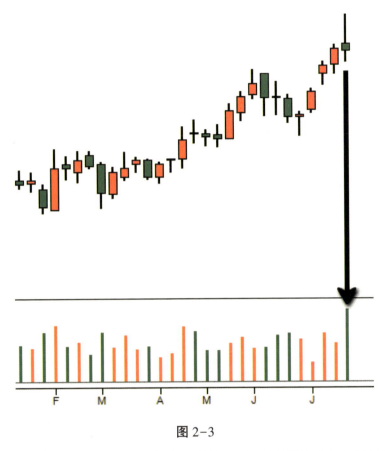

图 2-3

第一，如果这是个暂时的供应，价格经过短暂回调后会立刻创新高，短暂回调是指缩量回调。

第二，如果这个放量上影线之后出现震荡区间，说明价格可能进入派发阶段。派发结束后，价格会进入下跌阶段。

第三，如果放量上影线之后，价格出现放量急速上涨，说明市场进入疯狂抢购阶段，那么这个上影线就是初次供应。我们会在第三章介绍初次供应和疯狂抢购。

第二种停止行为：看图 2-2 中的蜡烛 4 和 6 有什么特点？在下跌中，蜡烛大幅缩小，但是成交量大幅增加。这是一个比较隐藏的停止行为。熊市中价格创新低时，成交量扩大，说明卖盘大幅增加。熊市中的卖盘增加会导致价格大幅下跌。但是如果价格没有大幅下跌，说明卖方的努力没有得到应该有的结果。既然卖盘大幅增加，是什么原因造成价格没有大幅下跌？是需求（买盘）的扩大造成了这种结果。这种停止行为后，价格会有反弹。如果这种行为发生在震荡区的右手边，很可能导致价格大幅上涨。

第三节　吸筹的第二阶段：
哪些市场行为告诉我们吸筹结束和牛市开始？

一、什么是吸筹？

吸筹是 CM 建仓并期待价格进入牛市的过程。凡是策划吸筹战役的投资人，其眼光不在蝇头小利上，而是在长远的盈利目标上。他们在吸筹过程中收购的股票，是公众已经失去兴趣的股票，或者人们认为已经不值钱的股票。这些股票因公众的恐慌抛售而转到 CM 手中。

第二阶段价格处于震荡交易，这是吸筹活动进入拉锯阶段。二次测试成功之后，我们知道熊市终止，然后市场进入震荡区交易。为什么要经过震荡区？因为 CM 需要吸收足够的筹码后才能允许价格上涨，目的是将来有更大的利润。这个震荡区也为将要形成的牛市建立一个平台。在这个阶段，**CM 的主要任务是控制价格上涨以便大量收购股票**。这个区间的早期，价格波动和成交量较大。随着行情渐渐向前发展，价格波动和成交量逐渐减小，这是因为随着 CM 的不断收购，市面上卖单流入量越来越少。在这个震荡区，我们需要看到的情况是这样：上涨波的力度和成交量大于下降波，表明需求在持续扩大，供应在持续枯竭。当 CM 快结束收购的时候，他们会测试市场上是否还有浮动供应。他们的测试方法包括：终极震仓，终极弹簧效应，探索震荡区底部是否有供应。

二、吸筹过程中的供求关系

在第一阶段，供应大于需求，但是恐慌抛售已经表明需求在慢慢吸收供应。成功的二次测试说明股票的供应在慢慢耗尽，而需求一直保持优势，熊市到这里暂时中止。在第二和第三阶段，供求基本处于平衡状态。但是因为 CM 是需求方，一直在吸收来自公众的供应，导致需求在慢慢变强，供应在慢慢耗尽。特别是在第三阶段，SOS 和 JOC 表明需求已经超过供应，占了绝对优势。

吸筹中的进场首要原则是：必须在震荡区的右手边进场。也就是在测试过程确认吸筹之后。我们看下面的示意图。

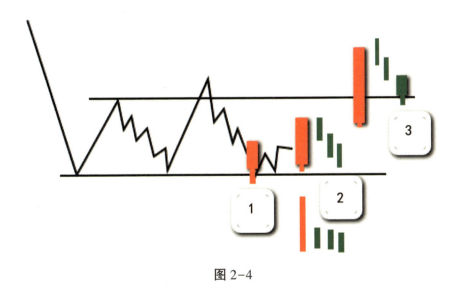

图 2-4

第一个进场位置：SOS/JOC 之后的回测，这是最安全的进场位置。图中 2 和 3 的位置。唯一要求是：回测过程必须是小蜡烛和低成交量。

第二个进场位置：当你看到成功的二次测试之后，知道了熊市暂时中止。同时发现上涨中的阳线和成交量比下降的阴线和成交量长，你可以在震荡区底部的弹簧效应进场。如果这个弹簧效应之势稍微突破支撑，可以直接进场。如果弹簧效应的突破幅度较大，伴随增高的成交量，你必须等待二次测试。二次测试的要求是一样的。

第三个进场位置：如果是终极震仓出现，可以直接在震仓中进场。但是我们认为在后来的二次测试进场风险小些。终极震仓的进场方式和带量的弹簧效应是一样的。

无论哪种方式进场，进场后必须看到价格和成交量递增的现象，这种现象表明牛市很强，也是对你进场的肯定。如果进场后看到放量阴线出现。这是遇到了大量供应，应该立刻出场。

三、为什么 CM 会在第二阶段使用疲劳战术

在震荡区中，CM 要竭尽全力建仓，为了能够吸筹更多的股票，他们在正常市场交易无法满足自己的情况下，开始使用一些他们的技巧。这个阶段我们要注意的一个现象就是 CM 的疲劳战术。使用疲劳战术的目的是：第一，在震荡区顶部布置大量卖单来控制价格上涨，以便他们能低价收购股票。第二，通过疲劳战术迫使公众抛掉股票。

CM 迫使公众抛售的过程是这样设计的：公众首先受到市场上恐慌抛售的打击，慌乱卖掉股票。然后市场进入一段及其冗长枯燥的震荡区交易。这种行情在折磨公众的心理，他们此时盼望价格能够回升。但是在区间内，每次价格稍有回升，立刻被 CM 打压下来。这种总是上涨失败的行情使公众绝望，他们最后选择悲愤离场。CM 使用了这两个方法后，确实迫使大部分公众投降，但是还有公众在坚持。于是 CM 使用了第三种办法：震仓。他们的想法是让价格迅速穿透所有支撑，摆出价格会继续大跌的姿态，来评估市面上还有多少待售股票。第三种方法是对公众的最后一击，这种急速穿透所有支撑的走法，会让最坚持的公众因崩溃而抛掉股票。通过以上几个策略，CM 把所有公众的抛盘收入囊中。

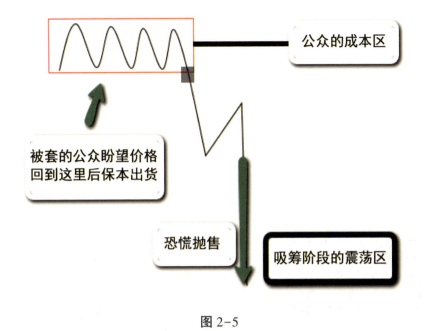

图 2-5

我们先看下示意图:

如图 2-5 所示,价格冲破左上方的震荡区后,直线下跌,中间没有碰到大的抵抗,不少公众被套牢在顶部。他们看到价格大跌后,在惊恐中盼望价格能尽快涨回来,这样他们能够少亏或者不亏地离场。CM 非常清楚他们怎么想的。虽然在恐慌抛售后,CM 已经进场开始收购,而且他们进场的目的是在股票上涨之后出货盈利。但是他们现在不会让价格立刻上涨,把被套的公众解救出来。相反他们会在震荡区使用疲劳战术,让公众陷入恐惧和绝望当中,这种绝望情绪令他们抛掉筹码,然后精神获得解脱。

四、第二阶段案例(一)

如图 2-6 所示,蜡烛 1 是供应以压倒性的力度使价格离开震荡区。这个下跌是超卖行为，因为中间没有碰到任何反抗（没有大幅的反弹）。这种急速下跌，我们也可以称为恐慌抛售。蜡烛 2~3 是自动反弹，这是熊市的第一次大的反弹，不能进场，耐心等待市场把吸筹过程走完再考虑进场。蜡烛 4 是二次测试。由于蜡烛 4 的成交量和波动都很小，说明这是个成功的二次测试，我们判断熊市结束。蜡烛 3 和蜡烛 4 之间形成震荡区，CM 在这个区内开始收购股票，也就是说牛市的平台开始建立，在这个过程中，只有上升波的力度和成交量大于下降波，我们才知道这是正常的吸筹（也是后面牛市需要的市场行为）。

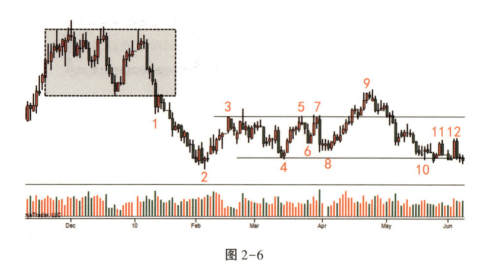

图 2-6

我们看图 2-6 左上方的震荡区，由于价格迅速跌破震荡区底部（蜡烛 1），把希望价格会继续涨的公众锁在顶部。然后看下方的吸筹震荡区。蜡烛 4 的成功二次测试之后，价格迅速恢复到震荡区顶部，这给被套者带来希望，他们希望价格尽快回到成本区。同时这次反弹也吸引了不少抄底者。但是 CM 在顶部立刻阻止上涨（蜡烛 5），这种打压让被套者的希望成了泡影，同时也套住了后来抄底的公众。

蜡烛 6~7 的反弹，同样吸引了抄底者，又给公众新的希望。但是接下来 CM 的直接打压，又让他们的希望成为泡影。这两次折磨，很多公众已经开始绝望，并连续抛售股票。CM 使用这种疲劳战术，目的是把公众手里的股票挤出，以便收购。

蜡烛 8~9 这一波的突破阻力线，对公众的鼓舞是最大的，因为突破是他们喜欢的行情。这种大幅度跳跃正是吸筹震荡区初期阶段的表现，因为市场上的浮动供应还很多。然后蜡烛 9 之后的价格打压又使公众失望。之所以突破阻力后又返回来，说明 CM 的收购战役还没有结束，他们肯定会把价格压到震荡区内。既然 CM 的吸筹还没有结束，我们还不能抄底，无论市场上充斥多少抄底的消息。从理论根据上讲，要想吸筹结束和牛市开始，供应必须枯竭（流入市场的卖单变得稀少），如果没有看到这种情况，牛市的孕育还没成熟。

蜡烛 9~10 的过程是最折磨公众的。因为 CM 控制下跌节奏，他们让价格缓慢枯燥的自由下滑，同时成交量保持低迷。这种折磨对公众的打击是最大的，他们中的部分人在绝望中继续抛售。

蜡烛 11 和蜡烛 12 的快速反弹被 CM 直接否定，这样做的目的无疑还是折磨公众。这种行为再次确认 CM 为了吸筹而把价格控制在低位。

这个图的目的是描述 CM 的疲劳战术，其他价格行为的细节没有太多解释。当 CM 在底部收购不到股票的时候，他们会把收购价格往上提。这种向上提价吸引了抄底者，于是出现了快速反弹。但是 CM 不希望这些公众跟风，所以在顶部立刻阻止上涨。公众的希望变成了失望，在价格缓慢下跌中，公众因失望和恐惧抛掉了筹码。CM 的还有一个制造恐慌的方法是终极震仓或者终极弹簧效应，我们会在第三阶段中解释。

当 CM 收购战役快结束的时候，他们要使用一些策略来探明市场的供应情况。他们要知道是否市面上的股票已经全部被他们吸收，如果是，他们会允许市场进入牛市，否则，CM 将继续打压价格，以便继续低价收购股票。

五、第二阶段案例（二）

二次测试的成功，说明市场上供应进入枯竭阶段，熊市暂时终止。自动反弹和二次测试形成了一个价格区间，在这个区间内，我们观察供求关系来确定是否 CM 在收购股票，或者是否 CM 在继续派发。这时候我们要耐心等待价格离开区间。下面我们看一张描述高位支撑的图：

图 2-7

市场背景：如图 2-7 所示，从 X 到 Y，这是明显的熊市。市场由顶部下跌至冰线的过程属于超卖行为（没有任何反抗的下跌）。当超卖行为出现后，价格一般会有反弹。但是反弹出现小蜡烛和低量，说明支撑位没有需求，这样价格将继续创新低。通过观察支撑价位上的买单流入市场大小的方法可以判断支撑的有效性。

Y 到 Z 的反弹：这次反弹的最明显的特点是突破了下降趋势线（这里没有画）。趋势线的突破确认了 Y 的底部为初次支撑位。但是在这次反弹没有吸引到买方跟随，或者说需求还没上来（因为反弹的成交量持续走低）。这种情况在底部反弹无力的行为非常危险，因为它会可能导致价格击穿底部，继续下跌。

1 号蜡烛到 2 号蜡烛：从连续阴线和递增的成交量来看，Z 到蜡烛 1 下降力度很大。但是从 1~2 之间的 4 根蜡烛的收盘可以看出，市场抛售的压力逐渐消失，因为价格都收在一个狭窄的范围内。在一个抛售的背景下，虽然成交量保持平稳，但是连续 4 个星期的波动，收盘价几乎没有任何变化，告诉我们流入市场的卖单在变得稀少。

3 号蜡烛：蜡烛 3 虽然是明显的阴线，但却是一个看涨信号，因为低成交量告诉我们供应在枯竭。特别是后面一根蜡烛，再次告诉我们供应已经枯竭，因为成交量和波动范围继续大幅减小。前面我们说过，在支撑价位上，如果流入市场的卖单变得稀少，这个支撑价位是有效的，一般在这种背景下，需求会积极进入市场，并尝试把价格抬高。这次从 Z 开始的回测停在高于原支撑的位置，说明 CM 的最低价已经开始提高（他们在比这个支撑位低的价钱已经买不到股票），这是市场即将进入上涨的信号。通过这种分析方法，我们可以从理论上（供求关系）和市场自身行为上判断趋势的反转，并在反转过程结束时买入。接下来的市场行为会对你的买入（抄底）进行确认。在接下来的反弹中，蜡烛应该是连续的、更高的高点/更高的低点/更高的收盘价，并伴随稳定增长的成交量，这种涨法是真正牛市的特征。

第四节　吸筹过程的第三阶段：
确认吸筹结束的市场行为是什么？

CM 在这个阶段的任务主要是测试市场上的股票供应。**测试的目的是确认这个震荡区是吸筹，而不是再派发**。从此奠定了市场进入牛市的基础。他们的测试方法主要是终极震仓。终极震仓可以完成以下三个任务：

1. CM 让价格迅速冲破所有支撑，以此吸收市场上剩下的股票。

2. 震仓可以继续迫使弱者卖掉手里的股票，然后 CM 全部吸收。

3. 在最终市场进入牛市之前，震仓可以造成继续下跌的假象。

如图 2-8 所示，终极震仓的表现形式是：深度跌破吸筹区间底部支撑，这是 CM 惯用的一个手段，目的是使公众因恐慌而清仓。**这是吸筹结束的一个信号。**吸筹的结束意味着牛市即将开始。**有时这种突破幅度很小，我们叫作弹簧效应**①，意义和终极震仓一样，都是 CM 用来判断突破时的供应量。终极震仓或者弹簧效应后，会出现相应的二次测试，目的是判断市面上的股票是否全部被吸收。一旦市面上股票被全部吸收，CM 只能抬高价格吸筹，不能再压价，因为底部股票已经稀少。**终极震仓和弹簧效应的二次测试是风险最低的抄底点。**

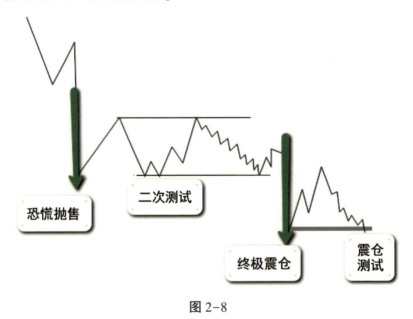

图 2-8

① 弹簧效应的概念来自于终极震仓。定义是价格小幅突破支撑后，立刻返回支撑上方。CM 可以通过它评估突破时的股票供应量。弹簧效应和震仓的主要区别是突破幅度，震仓的突破幅度非常大，它突破了所有支撑。相对于震仓，弹簧效应的突破幅度要小很多。

第五节 吸筹过程的第四阶段：进入牛市

通过测试阶段，CM 认为市面上的股票供应已经耗尽，他们准备允许价格上涨，并进入牛市。在这个阶段，有两个重要市场行为告诉我们牛市开始了。他们分别是强势出现（SOS）+测试，和跳离震荡区（JOC）+测试。为了叙述的一致性。我们以后对这两个市场行为都使用英文缩写：SOS，JOC。

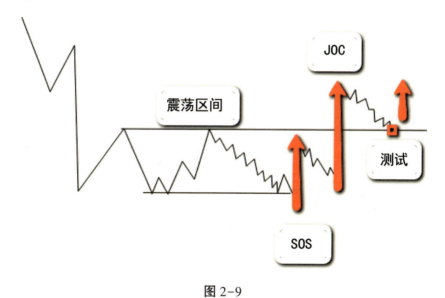

图 2-9

一、强势出现（SOS）

SOS 的特点是在震荡区内出现长阳伴随明显增高的成交量。我们知道震荡区是 CM 控盘最集中的地方，所以在震荡区交易风险最大。SOS 是震荡区终止的信号之一，以后我们在任何地方遇到震荡区的时候，耐心等待 SOS 的出现会减少风险。

SOS 本身是需求控制市场的信号。它出现之后，价格会回来测试确认 SOS（测试是否需求大于供应）。一旦测试出现了长阴伴随扩大的成交量，这个 SOS 立刻失效，价格会继续在震荡区波动，或者有更多的测试。

强势出现（SOS）如果突破震荡区顶部，我们把这种 SOS 叫作 JOC。JOC 是威科夫学生伊文斯先生总结出来的，英文是 Jump over Creek，意思是越过小溪（供应区），后面我们会对 JOC 做详细介绍。

（一）强势出现（SOS）案例（一）

如图 2-10 所示，这个图是吸筹震荡区中出现的 SOS，他的出现表示震荡区可能结束。

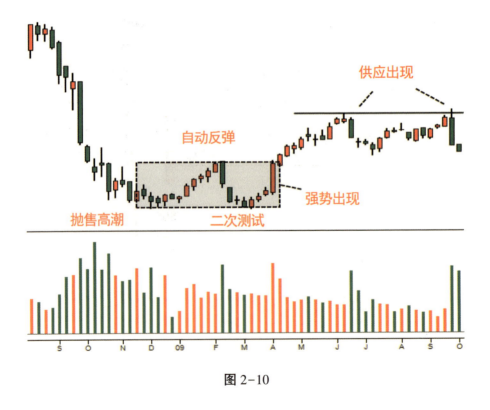

图 2-10

熊市以恐慌抛售和成功的二次测试结束，然后市场进入震荡区交易。如果你已经在二次测试阶段进场，那么接下来的强势出现（SOS）是对你的进场的确认。强势出现意味着需求控制市场。一般强势出现后，会有个缩量回调，这是个安全的进场点。

后面的走势：这个图没有出现回调，反而继续上涨。SOS 出现后，成交量和蜡烛范围立刻连续缩小，这说明没有新的需求跟进。趋势刚起来需求就开始耗尽，这不是个牛市继续信号，我们要在未来的走势中看供应是否开始进入。当价格走到阻力区，我们看到的是两次放量下挫，证实了我们的猜测：市场上的浮动供应还没有清除，熊市还没有结束，价格会继续回到震荡区内。供应的出现，是抄底者的离场信号。

（二）强势出现（SOS）案例（二）

有时 SOS 不是由一根蜡烛完成，而是由一个上升波完成。当我们看到连续 2~3 根的阳线出现，而且出现更高的最低价、收盘价和最高价（如图2-11 所示），伴随递增的成交量。这种走法是市场走强的标志，特别是在支撑出现反弹后，如果我们发现有这种走势，说明反弹成功。

下面我们看个例子：

图 2-11

1号蜡烛：如图2-11所示，蜡烛1是长阴线，成交量增加，这是供应柱。我们期待下一波继续下跌，但是接下来的蜡烛是阳线，我们第一反应是卖方没有跟随，特别是后面2~3的下跌没有创新低，更说明蜡烛1的大跌没有跟随，从这可以看出供应变得稀少。蜡烛1如果是恐慌抛售，它的底部会形成临时支撑。如果后面的走势出现突破趋势线的现象，或者二次测试没有出现清仓抛售的现象，蜡烛1形成临时支撑的有效性就得到了确认。

2号蜡烛：价格回落时成交量缩小，说明行情没有像蜡烛1那样出现大跌，市面上股票供应正在减少。

3号蜡烛：价格在测试支撑，收于高位告诉我们需求的努力把价格推高；突破趋势线后持续上涨说明需求超过供应，另外前期蜡烛1形成的支持得到了巩固。

3~4号蜡烛：我们看这段上涨的特点。从形态上符合强势出现的要求（SOS）：他们接连出现了更高的最低价，收盘价和最高价，而且成交量保持高量。唯一的遗憾是蜡烛4的收盘在中间。

这里我们讨论一下蜡烛4。从表象看是新高，但是收于中点之下，说明价格背后的卖盘超过买盘。上涨趋势刚起步就碰到这种现象，说明上涨趋势还不稳固，市场需要再次测底。在测底过程中，我们主要看两点：第一，成交量是否缩小（表明卖盘是否耗尽）；第二，出现强力反弹（表明价格回落中刺激到新的需求入场）。

蜡烛4后面的一根成交量大幅减少，说明卖盘开始耗尽，这是我们在SOS之后希望看到的回调。接下来一个还是阴线，成交量有所增长，但是价格波动范围缩小很多。我们上面讨论过，这是停止行为。说明市场遇到了大的买单流入并吸收了全部卖单。在回调中或者二次测试中出现停止行为，是买入时机。蜡烛4a确认了前面的停止行为，说明需求在继续主导市场。

7 号蜡烛：从 3 号之后，市场进入上涨趋势。蜡烛 7 在区间内快速上涨并伴随明显扩大的成交量，这是 SOS。同蜡烛 4 一样，遗憾是收盘离开最高点，说明上涨遇到了卖盘。接下来的两走法：第一，如果价格回落去测试 SOS，我们希望看到缩小的成交量和价格波动范围；第二，如果出现横盘，说明 CM 在出货，市场可能进入派发阶段；第三，如果价格立刻创新高，说明新的需求吸收了蜡烛 7 的卖盘，然后牛市继续。

8 号蜡烛：接下来的走势符合我们的第三种预期。但是涨到 8 号蜡烛时，走势出现了超买行为，超高的成交量加上超长的阳线，再一次引起了我们注意。普通人看到这种涨法会很兴奋，因为贪婪在控制他们的判断。有三种危险信号：第一，蜡烛 7 到 8 是垂直上涨，这种速度表明有人开始急着拉升。第二，蜡烛 8 在顶部放量，这是大量卖单流入市场所致。第三，趋势线角度突然变陡，表现了参与者的一种急切心态。正常的牛市是匀速上涨，不会有急升的现象，如果出现了价格和成交量急升的现象，说明牛市遇到了阻力。上述现象说明市场进入超买或者抢购高潮阶段。同时我们发现价格正好到了超买线附近（也是供应线，这种位置要关注是否有抛盘），如果在超买线附近出现了供应，价格将开始回落。以上行为是危险的前奏，威科夫理论的优势就在于能够通过市场自身行为和供求关系提前预知危险。

9 号蜡烛：这是买方（需求）在尝试恢复牛市，我们的第一印象是价格没有能力创新高。虽然买方还在努力（成交量），但是价格波动范围大幅缩小，说明买方的努力没有结果，这个反弹没有吸引到大量新的需求入市。这种情况下，卖方会继续主导市场。现在价格已经到了震荡区的右手边，行情已经到了危险的边缘，如果你还没有出场，这时应该逐步平仓。一旦接下来出现行情走弱（SOW）的现象，价格的下跌幅度会很大。

证券市场是个行情逐渐明朗的过程，也就是说一个行为需要另一个行为确认，直到最后出现明朗的局面。比如初次支撑需要恐慌抛售确认；恐慌抛售需要二次测试确认（二次测试被确认后，熊市终止）。SOS 需要后面的回升确认，一旦确认，说明 CM 结束了吸筹过程，市场准备进入牛市。

二、跳离震荡区（JOC）

JOC 的特点是价格快速突破震荡区顶部，图上表现为放量长阳突破阻力区。JOC 之后，价格就告别了吸筹区，开始了牛市旅程。我们所关注的是价格上涨后，再次回测 JOC 突破点。**如果测试过程是缩小的蜡烛和成交量，我们将在测试时入场参与牛市。**（我们为了表达方便，以后将使用这个行为的缩写：JOC）JOC 是 SOS 的一种，只是它跳离了震荡区，把价格抬到了一个新的高度。JOC 必须发生在震荡区的右手边，而且突破后，成交量必须有跟随。即使有回调，也不能出现放量阴线的行为。否则，JOC 失效，价格会再次回到震荡区。遇到这种情况，我们应该耐心等待新的交易机会。

JOC 是威科夫交易员经常使用的一个交易工具：他的学生把 JOC 比喻成跳跃小溪方法。这个工具可以帮助我们定位风险最低的进场时机。一个男孩要越过一个小溪，他肯定要找个小溪窄一点和水流缓一点的位置跳过去，在准备跳跃之前，他要先退几步，然后一段助跑，最后越过小溪。在消耗了很大能力跳过去之后，他需要短暂的休息再继续向前走。

下面我们把这个比喻和市场结合起来。小溪充满着大量的卖单（供应），这些卖单对价格的上涨有很大的阻力。价格要想继续上涨，必须越过这个充满卖单的小溪。前面说的男孩要想越过小溪，必须找到水流缓而且比较窄的地方，价格也是如此。首先要找到一个供应薄弱的地方，并经过短暂回调，然后越过阻力。在回调过程中可能出现强反弹或者震仓，我们可以在那里进场。先看一个例子（图 2-12）：

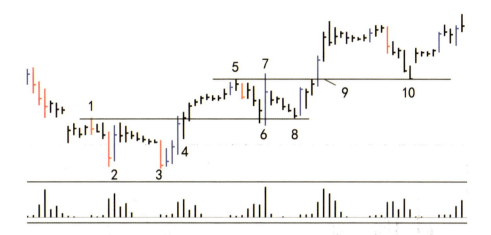

图 2-12

图 2-12 中 1 的位置是小溪线，这里充满着卖单。2 号柱位置，价格尝试努力突破小溪，但是因卖盘巨大而失败，然后价格在后退的过程中出现了震仓（3 号位置），这里可以直接进场。震仓之后价格突破了小溪（4 号位置），突破过程中，强劲的需求吸收了小溪中的卖单。这种跳跃小溪的行为给我们的进场搭好了平台。接下来就是耐心等待价格缩量回落在这个平台上，因为缩量代表着供应枯竭，在需求占上风的背景下，供应枯竭意味着价格已经准备好上涨。第一次的回落（5~6 位置）成交量非常大，这不是理想时机，因为市场上浮动供应还很大。8 号柱给我们提供了最佳进场点，因为它的成交量几乎为零，表明底部已经没有股票可买，意味着价格将立刻上涨。

价格涨到 5 之后回落，又形成了新的小溪线。7 号尝试越过小溪失败，然后退到 8 的位置并准备再次冲锋。9 号柱吸收了小溪中的卖单并越过了小溪，等于再一次给我们搭建了进场平台，然后等待价格缩量回落。10 号柱的成交量递减并且测试了小溪，这正是我们要等的进场信号。

三、跳离震荡区之前的探索阻力

有时价格真正出现强势之前，需要测试一下阻力区有多少压力。CM 这样做的目的是看需求能否超过阻力区的供应。图 2-13 描述了探索行为。

图 2-13

3 号蜡烛：如图 2-13 所示，3 号蜡烛是 SOS，也是小型 JOC，因为它结束了一下小型震荡区的交易，我们看它以带量和宽幅波动的行为冲破了供应区，导致阻力变成了支撑。那么接下来，如果有第一次回测这个新的支撑，我们就有了买入机会。因为 JOC 之后，需求完全控制了市场，在这种背景下，如果回调出现供应稀少的情况，说明市场再次证明了需求的主导地位，我们可以在这种背景下入场。从蜡烛 2 开始的回落，看成交量，属于递减情形，我们判断供应正在枯竭，特别是价格接近现在成为支撑的位置，出现了终止行为，因为在成交量与前一天相同的情况下，蜡烛波动幅度大幅减小，说明需求再次战胜供应。4 号蜡烛的强力反弹告诉我们需求持续强劲，此时我们不能再犹豫，应立刻进场，因为市场还是在供不应求背景当中。

2 号蜡烛：是处于最近的上升趋势中，牛市中如果出现上冲回落柱式的新高，但是这个上冲回落发生在需求控制市场的背景下，那么我们要看是否有供应跟随才能确定行情是否转熊。通过蜡烛 2，市场想知道阻力区到底是否会有大量供应出现，如果没有，下一波会冲破阻力区，并继续上涨。蜡烛 2 虽然是上影线，但是成交量没有扩大，说明供应没有出现，特别是价格接下来的回落停在整个反弹的 50% 位置，说明蜡烛 2 属于探索行为，不是终止行为。这个探索行为告诉我们阻力位置没有出现大量供应，也因此提前告诉我们牛市会继续。

为什么说蜡烛 2 的位置是探索阻力位置？这个阻力从何而来？我们看蜡烛 1，它是个垂直供应柱，前面我们讨论过，垂直供应柱的顶部是供应区，价格经常会测试这个供应区。因为市场在垂直供应柱产生了大量卖单，所以蜡烛 1 的顶部属于主要阻力区。

5 号蜡烛：在供应区出现上冲回落，看似终止行为，但是看趋势，上升趋势中的上冲回落属于探索，不是反转信号，这在蜡烛 2 那里我们讨论过，所以蜡烛 5 给我们提供的信息与蜡烛 2 一样，在试探供应区之后，如果接下来的回落没有大量供应出现，牛市依然存在，同时也给了我们进场的准备信号。从蜡烛 5 开始的回落当中，蜡烛 X 是停止行为，因为它的高成交量对应了窄幅的价格波动（短蜡烛），这个类型的停止行为说明需求在超过供应。

如图 2-14 所示，价格突破主要阻力区后开始枯燥的盘整，为什么会出现这么枯燥的盘整？这个盘整是牛市结束和派发开始了吗？我该怎么判断下一波方向？

第一，看目前市场背景，趋势向上，上升趋势中的窄幅盘整经常属于再吸筹，然后价格继续上涨。

第二，通道的上轨属于超买线，但是关键要看在这里是否有大量卖单流入市场（供应的出现），如果有供应扩大的现象，价格会返回通道中。但是在这个窄幅盘整中，我们没有看到供应的出现，相反，需求依然保持优势，因为很多蜡烛收盘价格都收于中部或中部以上位置。我们判定，既然没有供应，上升趋势还没有改变。

第三，从CM的行为上看，CM深深知道散户和基金喜欢做突破。他们让价格突破后立刻进入枯燥期，目的是让公众因为灰心和没有耐心而离场。CM把公众驱离市场的目的是：以后遇到阻力的时候（有大量供应入市的时候），他们引诱公众入市吸收供应，或者CM将要派发的时候，引诱公众入市买单。跳跃小溪交易法（JOC）的更多内容请登录www.duoshou108.com观看视频课程。

图 2-14

四、跳离震荡区（JOC）案例（一）

蜡烛1：如图2-15所示，蜡烛1属于JOC，它的形态是长阳伴随高成交量突破震荡区顶部。在震荡区顶部是供应区。价格要想突破这个供应区，需要强劲的需求来吸收顶部遇到的供应（阻力）。CM 把底部股票全部吸收后，开始撤掉顶部用来阻止价格上涨的卖单并允许价格上涨。蜡烛 2 和 3 的突破失败，说明 CM 还没有撤掉顶部卖单，因为他们的收购还没有结束。（在交易中，看到蜡烛 3 的突破失败，说明牛市还没有孕育好，此时需要观察回调的过程，如果回调是缩量和小蜡烛，说明供应已经耗尽，这时候可以准备进场，或者在回调出现停止行为的时候进场，或者 JOC 之后，在回测突破点的时候进场。）

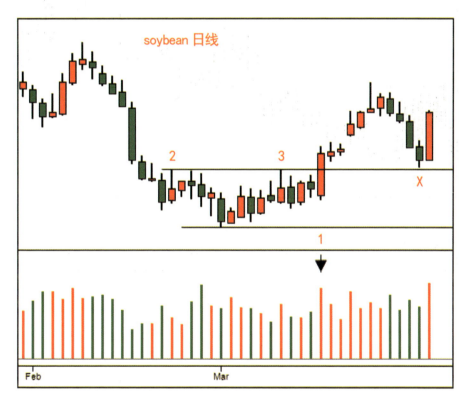

图 2-15

　　一旦 JOC 形成，等于市场给我们提供了进场信号。当价格回落到原阻力位置（现支撑位）的时候，如果成交量减少，或者有反弹，我们可以进场。蜡烛 X 是价格回测，虽然成交量相对大些，但是蜡烛的高低范围减小。这是停止行为，表明需求正在吸收供应。后面的阳线是对停止行为确认，表明需求已经全部吸收了底部的股票供应，并完全控制市场。

五、跳离震荡区（JOC）案例（二）

图 2-16

如图 2-16 所示，这个 JOC 发生在牛市中的震荡区。

牛市的回调出现震荡区，蜡烛 1 和 2 都是牛市中的 JOC。JOC 之后的回测出现停止行为（弹簧效应），这是我们应该进场的最佳时机。但是测试 JOC 的时候供应不能扩大，从价量关系上看成交量和蜡烛必须缩小和递减，否则，我们必须等待新的二次测试来证明供应已经耗尽。一旦二次测试的成交量还是大，甚至强力突破了支撑，我们将放弃这次进场机会。图中蜡烛 1 之后的第一次测试成交量扩大，我们不能进场，因为市场出现了大量供应。这个供应是否能持续并把价格打压下来，我们还不知道，所以要耐心等待，看这个供应是否耗尽（供应是暂时的，没有跟随）。接下来我们看下冲反弹（弹簧效应）出现了二次测试，这个测试过程中供应已经耗尽，因为它的成交量已经很小，这是我们要等的进场点。

蜡烛 2 同蜡烛 1 一样，JOC 之后的回测也出现下冲反弹（弹簧效应），同样有供应扩大的现象（成交量扩大），我们等待二次测试。但是后面的二次测试却出现了供应超过需求的现象，因为成交量依然大，而且价格突破了支撑。这是对我们进场依据的否定，我们必须放弃这次进场机会。

六、跳离震荡区（JOC）案例（三）

图 2-17

如图 2-17 所示，这个 JOC 发生在牛市中回调形成的震荡区中。

1 号蜡烛：蜡烛 1 强劲需求柱突破以前的供应区开始回调，这种情形表明了市场参与者的态度，这是 JOC。我们等待缩量回调后进场。后面的回调在 2~3 之间形成小幅交易区间（震荡区）。区间的出现等于给我们进场机会的一个基础，或者是为你进场准备了一个平台。从市场行为讲，蜡烛1的强劲需求柱后的小幅震荡是吸筹，这是CM在继续建仓，为下一波上涨积蓄力量。小区间内部我们不参与交易，容易造成亏损。任何震荡区形成之后，我们要等待需求或者供应扩大的情况出现，也就是等待SOS或SOW出现。

3号蜡烛：这是需求强劲的表示，因为它的行为属于弹簧效应，特别是前一根的价格波动和下跌幅度缩小，说明市场的供应已经稀少，在这种情况下，需求还保持力量，并形成弹簧效应。蜡烛3之后需求持续控制市场，这一点我们可以从它后面的跟随看出。

4号蜡烛：这是JOC，也是SOS，强劲的垂直需求柱把价格带到了区间之上，原来的供应区成为需求区。看到这里，我们的计划是等价格回到突破点（区间的顶部），但是回测过程不能有大量供应入场，如果是那样，我们在场外观望。

5号区间：首先看这个价格回调的过程有没有供应出现，因为全部是小幅蜡烛，这是再次吸筹现象。需求控制的背景下供应的枯竭给我们提供了好的进场时机。这是专业操盘手的进场点，我们也应该随着他们买入。

6号蜡烛：与4号的作用一样，强力需求柱，关键看回调。回调过程同样是小蜡烛，告诉我们没有供应进入，这又是一个买入点。

7号蜡烛：让很多人迷惑，这是个上影线，加上成交量增加，说明供应开始扩大，但是我们要立刻冷静下来，第一，目前大背景还是牛市。第二，牛市中的上冲回落是陷阱，会误导人们做反转。第三，因为这些原因，我们要看是否有新的需求进入把这个扩大的供应吸收掉。如图2-18所示，这是后面的走势，反弹有强劲的需求进入并吸收掉前面产生的供应，市场还是需求占优势。我们看蜡烛7之后的回调过程，没有供应再次出现，这又是个好的买入点。

图 2-18

JOC 所描述的是价格强劲突破供应区的行为，JOC 的出现等于给专业交易者（聪明钱）提供了进场平台，他们需要等待缩量回调进场。震荡区的顶部就像一个充满供应的小溪，价格要想越过这个供应区，必须有强劲的需求（成交量和长阳）把小溪中的供应吸收掉。JOC 之后，价格会回测突破点，这为我们提供了进场机会。我们需要的回测过程是小蜡烛伴随低成交量，因为这种回测过程是牛市恢复的信号。如果在回测过程中出现放量阴线，说明供应又回到市场，这会导致价格继续震荡或者下跌。

第六节　吸筹过程的操作综合案例

一、吸筹过程较短

恐慌抛售：如图 2-19 所示，初次支撑之后是恐慌抛售，这里的抛售方是恐慌的公众，原因是受悲观的市场情绪和坏消息影响。接盘方是 CM，

CM 的介入使市场的需求开始扩大，并且需求正在吸收供应。一般恐慌抛售形成临时的支撑，这个临时支撑是否持久，需要进一步验证。验证方法有：一是价格突破下降趋势线（需求突破供应线）；二是通过二次测试，成功的二次测试可以告诉我们市场的供应开始稀少，那种类似恐慌抛售的清仓行为不再存在。恐慌抛售之后，我们暂时倾向于熊市停止，因为它会导致吸筹的开始，但是这种倾向需要验证，所以这里不能抄底。

图 2-19

自然反弹：超卖行情后，市场会出现自然反弹。这个来自于熊市的自然反弹属于空头回补，不是真正的买单流入市场，上涨不会持续很久。如果在这里抄底，容易遭遇震仓。这个自然反弹突破了最近的趋势线，从而确认了恐慌抛售形成的支撑。

二次测试：二次测试过程非常重要，我们希望看到缩小的成交量和缩短的蜡烛。但是第一次测试成交量和价格高低范围还很大，说明供应在下降中还存在。这种高量告诉我们要耐心等下一个二次测试。

4 号蜡烛：这次的测试，成交量完全消失，说明供应枯竭。另外逐渐提高的支撑，说明 CM 已经提高收购价格（为什么支撑提高对反转是有利信息？因为在更低的价格区，市场的供应很稀少，CM 买不到股票，所以他们需要把成本价提高来收购，这种行为确认了这个震荡区是吸筹，预示着牛市在孕育中）。4~6 的小幅盘整，加上持续的低成交量，说明吸筹在进行中，但是还没结束。这次的成功测试使我们相信，目前的市场背景倾向于牛市。

死角：死角非常重要，它为我们提供了低风险的进场点。特点是供求都非常弱，图上表现是蜡烛在支撑上越来越短，既没有新低又没有新高，形成了这种形状。

在需求逐渐扩大的背景下，我们应关注供应是否枯竭。现在行情进入死角，说明市场上的股票已经非常稀少，需求只需要稍微扩大就能突破死角，然后价格进入上涨趋势。死角是进场的最好时机，虽然市场看起来很萧条，公众还在等待。但是市场行为已经告诉我们，此时买入风险最低这种方法叫做**死角交易法**。我们扣动扳机的依据是市场进入死角的这个现象，不是因为某个蜡烛，也不是因为技术指标交叉等，我们要锻炼这种进场思维和习惯，这样就不会被蜡烛或者技术指标牵着鼻子走。死角交易法的更多内容请登录 www.duoshou108.com 观看视频课程。

6 号蜡烛：这是 SOS，因为它是长阳，伴随着高成交量突破死角和阻力，告诉我们需求吸收了市面上所有的浮动供应，并控制了走势。

行情到了蜡烛 6 这里，我们已经确认了市场在吸筹，供应已经枯竭，需求已经主导市场。这三条是牛市开始的前提，也是我们介入市场的理论根据。有时市场有回调是正常的，不必惊慌离场，只要回调不是放量回调，牛市不会受到威胁。

7 号蜡烛：价格回到支撑出现漂亮的反弹，这是对 SOS 的确认，证明市场的确由需求主导。在威科夫理论中，我们称之为 LPS，名称不重要，主要理解背后的意义。这里又是一个安全的进场点。蜡烛 7 在高支撑位反弹，说明下方已经没有股票可买。人们要想买入，只能是提高价格。

8、9、10 号蜡烛：这三根蜡烛非常重要，它们的特点是：三个更高（更高的收盘价，更高的最低价和更高的最高价），伴随递增的成交量，这种行为是真正的强势体现（也是一种 SOS）。其中蜡烛 10 是 JOC（市场再一次给我们提供了进场平台，此时只等缩量回测给出进场信号）。市场在告诉我们，此时的牛市行情已经吸引了大量公众的参与，行情看涨。

11 号至 16 号蜡烛：这是在供应区附近形成的小的震荡区。在供应区有很多被套的公众（他们在吸筹区盲目追高导致被套）。当价格回到了他们的成本价位，他们会保本卖出，他们的行为会对上涨形成压力。这段时间成交量的扩大，表明公众在抛售。但是这些蜡烛的**高位收盘**告诉我们需求的力量更大，他们的抛售已经全部被需求吸收。这个过程我们叫作吸收过程。**吸收现象只发生在强势出现之后。**

左手边，右手边：1 到 2 的过程属于左手边，或者说左手边是熊市中的第一次反弹，我们一般不在左手边抄底。从 3 开始，也就是从二次测试开始，市场进入右手边，从这里开始，我们可以开始寻找进场时机。在右手边，能够最后确认牛市的就是强势出现，蜡烛 6 和蜡烛 8~10 组合是牛市需要的市场行为，这是本图的重点。

17 号蜡烛：意义和 6 号蜡烛一样，是 SOS，也是 JOC。它出现后，等于给了我们进场平台。在回调中，如果出现非常小的成交量和振幅或者是强力的反弹，可以进场。蜡烛 18 是弹簧效应（停止行为），这种反弹速度是需求强大的体现，至于这个弹簧效应是否成功，我们要看后市价格是否创新高。

下面的图 2-20 是上图 2-19 的延续。

我们看蜡烛 18 的需求努力有了很好的结果，价格持续创新高。贴这个图的另一原因是最后部分。我们看价格上涨中，成交量突然大幅增加，这对很多公众来说是个令人兴奋的利好行情，这种行为可以引诱更多公众上车。前面说过，牛市中，上涨不需要天量，只需匀速运行。如果出现天量上涨，说明公众的抢购高潮出现了，这种天量是指供应开始大量涌入市场，人们不用抬价就可以买入，导致价格上涨暂时停止。抢购高潮预示着 CM 可能开始派发，当然我们需要市场进一步确认派发行情。如果你有仓位，抢购高潮是预警，因为成交量突然的扩大说明供不应求的局面暂时中止。

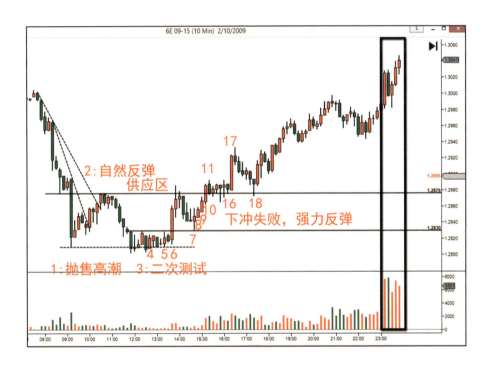

图 2-20

二、长期吸筹

吸筹时间长短不一，有的超过几年。下面的图 2-21 里面包含的细节很多，对每一个解释要认真思考，到底要不要抄底？在哪里抄？哪些细节告诉我们熊市结束和牛市的开始？

AB：这是一个小型交易区间，价格以高成交量突破支撑后，进入超卖行情（垂直下跌到蜡烛1），下跌中没有任何大的购买力出现。超卖行情触底后，正常情况下应该有自然反弹。

图 2-21

恐慌抛售：蜡烛1是恐慌抛售。价格突破震荡区 AB 后一路跌到蜡烛1，蜡烛1的成交量之大和速度之快属于标准的恐慌抛售。接下来是自动反弹。此时要不要抄底？可以抄，但是必须是短线，因为自然反弹属于空头回补，不会持续很长，它随时可以调头下跌。

二次测试：这是最关键的一步，主要是看下跌力度是否和恐慌抛售时一样。从2、3、4开始的下跌，告诉我们市场的浮动供应还大量存在，CM需要把这些浮动供应吸收后，才能允许价格上涨。回顾价格从恐慌抛售到蜡烛6，需求一直无法控制市场，因为价格回落的速度和成交量总是大于上升的成交量。特别是从底部到蜡烛 4 这一波，成交量大幅递减，说明市场已经耗尽了向上冲的能力（需求耗尽）。这种在底部出现需求耗尽的情况，往往导致震仓或者继续下跌的行情，接下来如果供应继续扩大（价格回落如果是扩大的成交量），说明熊市会继续。

熊市恢复的确认：蜡烛 5 突破了小型上升趋势线，且收盘价低于前一天，这是对熊市的确认。蜡烛 6 触底后的迅速带量反弹，没有吸引到买家，因为反弹没有跟随，这种现象会导致价格突破支撑。接下来对蜡烛 6 的测试就非常关键，我们希望看到供应枯竭，或者需求再次进入。但是蜡烛 7 和接下来一天的表现，完全否定我们的希望。市场没有出现丝毫的牛市痕迹，反而是大幅增加的成交量突破支撑。这种急速的下跌，看起来像是震仓，但是我们不敢确定，因为价格突破了最重要的支撑，这等于告诉我们新的一轮清盘开始了。

下面的图 2-22 是图 2-21 的延续：

图 2-22

再次触底：价格突破支撑后在蜡烛 8 的位置找到了需求。蜡烛 8~9 属于 SOS，因为价格迅速反弹并且不断出现更高的低点、收盘价格和最高价。这种快速反弹说明蜡烛 4 到 8 的大跌是终极震仓，这表明吸筹过程即将结束，CM 将允许价格上涨。CM 使用震仓的目的是迫使公众抛掉赔钱的筹码。这次反弹有两个对牛市有利的行为：一个是突破了趋势线（需求大于供应）；一个是价格回到前支撑附近（蜡烛 1 的支撑）时候，购买力没有减小，而且迅速突破了阻力。但是有一个负面信息，成交量随着上涨而递减，说明底部聚集起的需求，在突破后出现枯竭。这种没有后续力量的突破告诉我们回调（或者二次测试）会出现，接下来回调的质量就很重要，我们希望的是缩量小幅回调形成 LPS，然后我们进场。

二次测试：在蜡烛 8~9 反弹出现需求枯竭的情况下，二次测试尤为重要。因为它能告诉我们浮动供应是否枯竭，或者在测试支撑时，是否有新的需求主动进入。蜡烛 9 的出现说明市场的供应还在（放量下跌），SOS（蜡烛 8~9 的反弹）没有得到确认，我们放弃介入市场。蜡烛 9 的急速下跌属于超卖，超卖后价格会出现自然反弹。

新高突破幅度缩小：看 9、10、11、12 四次的上涨努力，虽然成交量还保持幅度（努力在持续），但是每次突破都没有实际的进展，这是明显的熊市特征（威科夫称之为 SOT[①]）。蜡烛 13~12 这一波的成交量持续上涨没有产生应有的结果，这又是一个熊市特征。

供应还在增加：从蜡烛 12 跌下来这一波，确认了 SOT，也说明供应在扩大。我们希望这次回调停在蜡烛 9 形成的高支撑位置，或者蜡烛 8 形成的最后支撑位置（我们倾向这种）。

---

① SOT：突破幅度缩小，这是停止行为。有时候是蜡烛之间相比突破幅度缩小，有时候是波峰之间或波谷之间相比突破幅度缩小。SOT 是个重要的停止行为，对进场非常有用。比如价格在测试一个主要支撑或阻力的时候，如果价格行为出现 SOT，我们应该立刻进场。

反弹失效：从蜡烛14起来后，两次反弹都止于50%位置（12~14这波的50%），这属于正常回调，不是反转，说明市场还是熊市。这两次反弹的成交量没有减少，价格上涨却半路夭折，足以说明供应的压力很大，吸筹还没有最后确认。这种情况会导致震仓发生，只要再次震仓成功，就确认了市场在吸筹。继续看下面图2-23：

图 2-23

震仓：从蜡烛15下来这一波下跌过程很容易，特别是在最后支撑位没有任何阻力，直到蜡烛16的高量反弹，下跌暂时停止。如果价格迅速反弹，证明这个是震仓。

我们现在回顾一下大背景。这次从蜡烛15开始的急速下跌，属于超卖行为，最大的可能是震仓。因为前面的吸筹过程已经持续了数月，这次大跌，迅速冲破了最低支撑位，最坚定的公众也会因恐慌而抛掉亏钱的筹码。特别那些每次反弹都抄底的公众，这次震仓把他们清洗出场。如果我们判断没错的话，这次震仓之后，市场上大部分股票落入CM的口袋。如果要抓牛市的大底，我们应该从这里开始寻找入场机会。其中，突破震仓

— 79 —

趋势线就是个很好入场机会。

图 2-24 是后来的牛市行情，震仓结束后，价格迅速反弹到前面支撑之上，市场从此进入牛市。在第一个回调位置我们可以买入。

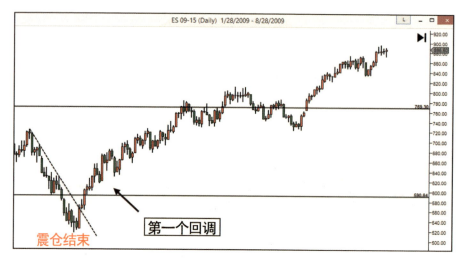

图 2-24

三、底部的进场案例

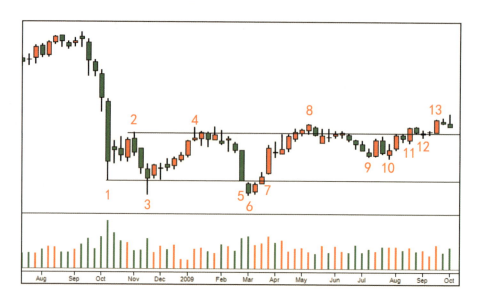

图 2-25

蜡烛 1：恐慌抛售，也是临时支撑。蜡烛 2 是自动反弹。

蜡烛 3：是二次测试。这个二次测试是个弹簧效应，但是他的长度和成交量比较大，说明在底部的股票供应还很大，我们还要等一个二次测试。这里不建议进场。如果冒险进场了，注意保护。这里我们可以画震荡区。

蜡烛 4：是上冲回落。价格尝试立刻突破震荡区失败。这告诉我们 CM 还没有结束吸筹，他们还有很多股票要买。

蜡烛 5：这是震仓的开始。也可以说是一个小型恐慌抛售。

蜡烛 6：扩大的成交量伴随缩小的蜡烛，这是停止行为。是需求的扩大才导致这种价量背离出现。这里可以进场，但是进场必须看到连续的价格和成交量递增现象。从后面几根蜡烛的发展，符合牛市增强的特点。

蜡烛 7：大幅加长的蜡烛，伴随扩大的成交量，这是 SOS。可惜它没有测试，所以没有进场时机。

蜡烛 8：是探索阻力位置的供应情况。蜡烛 8~9 的缓慢回落，告诉我们阻力的股票供应很少，这为后面的突破提供了保障。蜡烛 10 是个二次测试。可以进场。

蜡烛 11：尝试脱离震荡区。但是成交量和阳线长度不是很明显，所以耐心等待测试。

蜡烛 12：成交量增长，但是蜡烛非常小，这是停止行为。这个位置正好是价格测试 JOC 的突破点，所以可以进场。蜡烛 13 是需求强劲的表现，也确认了前面的进场点。下面图 2-26 是后来的走势。

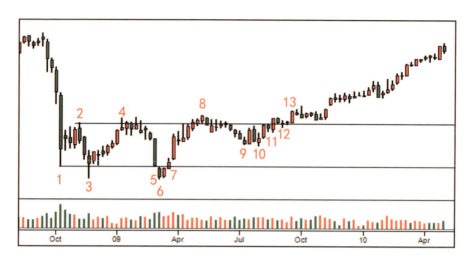

图 2-26

第七节　熊市结束的另一种模式：没有恐慌抛售

　　中国股票市场的一个特点，就是底部的形成之前很少出现恐慌抛售。我们知道，恐慌抛售是让公众产生恐慌的走势之一。如果熊市中没有出现恐慌抛售，而 CM 又想吸筹。他们只能借助其他两种办法来逼迫公众抛售股票。

　　第一就是把震荡区的时间拉长，他们让震荡区持续几年时间。在这么长的时间里，CM 使用拖的策略折磨公众，迫使他们割肉。第二就是使用终极震仓，有时使用多次震仓。这种背景下的震仓幅度要更大些，目的也是制造恐慌气氛，迫使公众抛掉股票。

　　如图 2-27 所示，这是上证指数周线，2008 年的大跌，我们看到价格急速下跌，但是从成交量上没有看到恐慌抛售的迹象。2009 年价格自动反弹到 3400 左右，然后进入非常冗长枯燥的行情当中。

　　这种枯燥的行情持续到 2014 年。CM 看到公众没有出现恐慌抛售，便采取拖的策略。其中几次很不错的上涨，都被 CM 阻止住，然后市场又进入非常枯燥的自然下滑行情。他们这种策略使用了很多次，分别在 2009 年、2010 年下半年、2011 年上半年。从 2011 顶部开始，价格进入更加枯燥的阶段。这就是 CM 的策略，他们利用近 5 年的股市低迷迫使很多被套的散户割肉。这个过程中我们没有看到终极震仓。但是在 2014 年末出现 JOC（或 SOS）。JOC 也是测试市场的一个工具，表明需求战胜供应并完全控制市场。JOC 之后价格进入 2015 上半年的牛市。后面出现的缩量回调证明了 SOS，这里是安全的进场点（或加仓点）。

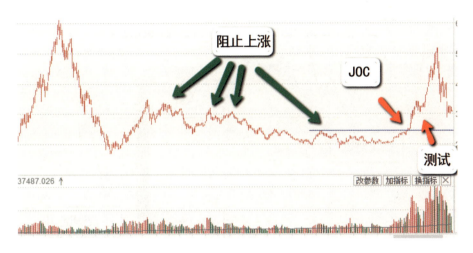

图 2-27

第八节　震仓

一、终极震仓

如图 2-28 所示，终极震仓是 CM 制造恐怖气氛的一个策略，经常发生在吸筹的末期。经过长时间的吸筹，CM 想最后评估一下还有多少股票在公众手里，于是他们让价格急速穿过所有支撑。公众本来已是惊弓之鸟，这种暴跌让他们彻底崩溃，他们担心市场会继续暴跌，于是纷纷抛掉筹码，让恐惧得到解脱。这些筹码自然落入 CM 的口袋里。终极震仓之前一般是震荡区或者主要支撑。CM 使用震仓的目的是看市面上的浮动供应已经耗尽。如果这些浮动供应全部被 CM 吸收，紧跟着会出现连续的阳线和递增的成交量，表明市场进入牛市。

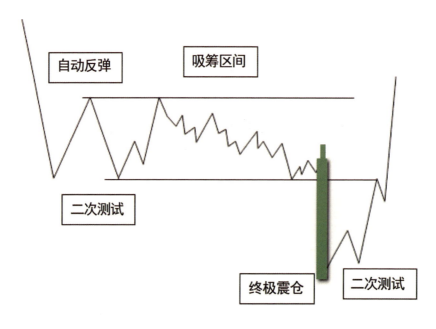

图 2-28

下面是震仓的总结：

- **发生位置**：终极震仓出现在吸筹阶段的末期，或者交易区间的末期。

- **震仓目的**：主力机构制造短暂恐慌，迫使中途以低价买进的、意志不坚的公众抛出股票，以减少进一步拉升股价的压力。而抛掉的股票被主力机构全部吸收，并摊低主力机构的持股成本。

- **表现形态**：在图上表现为急速大幅度深跌，冲破所有支撑。终极震仓之前，市场的表现是区间交易，在这个交易区间内，每次从底部起来的反弹，都无法离开这个区间，并且反弹高度越来越低。临近交易区间末期时，价格突然大幅度向下突破区间下限，但随后市场快速反弹，价格再次进入交易区间内。

- **卖方**：终极震仓中，卖方是没有经过专业训练的公众。他们看到终极震仓后，感觉更糟的结果还在后面，所以在恐惧中，把股票抛掉。他们有的在派发阶段建仓（高位建仓），有的是盲目抄底的，终极震仓的出现，即使比较坚定的公众也会感到害怕，被迫赔钱抛售手中的筹码。

- **买方**：终极震仓是主力机构策划的，他们自然是买方。主力机构利用震仓来验证市场的股票是否已经全部被吸收，如果是，主力机构会允许价格上涨，并离开吸筹区间。

- **震仓结果**：震仓经常是吸筹即将结束的一个信号。震仓后，市场上的可供应股票已经非常稀少（公众的恐慌抛售和主力机构的接盘），最大的可能是牛市马上开始。当然，我们必须看到震仓后的反弹必须带有牛市的特点，那就是持续的、更高的最高价/更高最低价和更高的收盘价，成交量呈稳定递增状态，而不是大幅增加。主力机构这样设计的目的是尽可能让场外公众在低价位不敢进场，而等趋势涨了一段时间后、遇到阻力的时候，主力机构会引诱公众进场，帮助突破阻力。

- **震仓前预警**：如图 2-28 所示，如果在震荡区内，**反弹后价格总是没有到前高点，而且每个高点呈台阶式下降**，这种情况容易出现震仓。这些行为背后的故事是这样：如果市面上的股票供应耗尽，CM 的最低收购价应该逐渐抬高。如果市场没有出现这种情况，反而价格总是向下挪动，这说明市场上浮动供应还在。CM 为了结束吸筹并让价格进入牛市，必须清除这些浮动供应，于是他们采取了终极震仓的策略。

二、震仓案例

（一）吸筹后的终极震仓

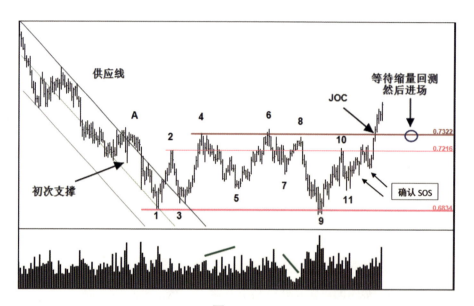

图 2-29

如图 2-29 所示，从趋势线的角度分析这个通道，以下两点让我们看出市场可能进入吸筹阶段：

第一，在下跌过程中，我们发现市场供应量在减小，因为价格已经完全离开超卖线（轨道下轨）。

第二，在供应力量减小的情况下，我们看到需求有所增加并且有战胜供应线的可能，因为价格挺在轨道的中线以上，并且不断冒犯供应线，直到最后 1~2 这波完全突破了供应线，使我们看到了需求战胜供应的行为。

如图 2-29 所示，这是 2016 年 3 月中的澳元日线图。从左边看，背景是持续的熊市轨道。在 A 地区需求尝试突破供应线失败，在初次支撑位置，天量暂时阻止了下跌进程。然后背景中出现恐慌抛售（蜡烛1），自动反弹（蜡烛2）和二次测试（蜡烛3）。蜡烛1和2之间形成震荡区，至于这个震荡区是否是需求或者派发，我们需要等待供应测试结束才能知道。**这个测试过程由底部的终极震仓、弹簧效应或者顶部的JOC完成。**

4号位置是价格尝试离开震荡区，这是空头回补，因为急速的上涨没有成交量支撑，空头回补的上涨不会持续太久，因为没有买方支撑，只是空方平仓。

从4到5的下跌看出市场上的供应还没有减少，因为波动幅度和成交量都有所增长。6号位置是上冲回落，说明高抛的行为还存在（供应没有减少），供应积极涌入把价格又压下来。接下来的放量下挫，充分说明了市场上的供应强劲，需求没有任何能力控制市场，市场还没有出现牛市的迹象。

7~8是本图的关键点。它的行为表明需求耗尽。在供应持续存在的背景下，这种需求耗尽的行为会导致市场继续大跌或者终极震仓。8~9这波是我们期待出现终极震仓，因为价格出现天量急速下跌，并突破了支撑，然后9~10是迅速的反弹（SOS）。终极震仓的出现告诉我们从初次支撑开始到8号位置是吸筹，并且吸筹接近结束。只要接下来出现缩量回调，就证明了SOS的有效性。10~11的成交量和波动幅度还较大，但是以弹簧效应的行为（强反弹）停在半路，说明需求持续强劲，可以进场。在威科夫理论中，需求控制的背景下，回调停在半路是牛市特征。后面的缩量测试确认了SOS，这里可以进场或加仓。市场从此开始结束了吸筹，进入牛市。

JOC的出现再次证明了牛市的开始，前面说过JOC本身也是SOS，它后面如果出现缩量回测，属于LPS，是个好的进场时机。

终极震仓和SOS（包括JOC）是确认牛市的重要行为。如果在底部没有看到他们中之一，不要抄底。

（二）再吸筹中的终极震仓

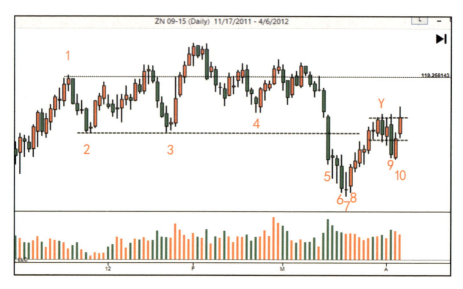

图 2-30

市场背景：如图 2-30 所示，在蜡烛 1 之前，市场是牛市，然后回调并开始一个长期的区间交易，蜡烛 3 反弹之后的回调都是需求减弱的表示，因为反弹都没有创新高，这种情况容易导致震仓出现。

终极震仓：蜡烛 5 是终极震仓，从行为上看，这个突破伴随高成交量，并且宽幅阴线深度突破前期所有的支撑（蜡烛 2、3、4），这种突破幅度，起因是强大的供应进入市场。蜡烛 5 的后面两天我们看有抄底现象，但是这些需求没有能力吸收强大的供应，导致价格继续下跌。到蜡烛 6 为止，大部分公众应该已经很悲观，特别是那些在高位买入公众，因恐慌开始抛售。

新的需求进入：蜡烛 7 属于停止行为，是需求进场的表示，因为其成交量没有减小（说明供应依然很大），但是下跌没有进展告诉我们：这个带量下跌遇到了阻力。这种阻力的来源是主力机构的需求吸收了供应。蜡烛8告诉我们供应全部被主力机构吸收，因为成交量略有上升，并伴随着更高的收盘价。以上现象告诉我们这次的大跌可能属于终极震仓。接下来，我们需要SOS来确认终极震仓。

SOS：蜡烛8之后的反弹是SOS，终极震仓得到确认，从而确认了市场在进行吸筹。下面等待价格回测来确认SOS，如果测试成功，我们可以进场。

特殊的二次测试：正常的二次测试应该是缩小的成交量和窄振幅，但是蜡烛9这个测试有所不同，因为形态是宽幅阴线，伴随着大幅扩大的成交量，这种情况发生在前支撑附近，等于告诉我们浮动供应还存在，如果浮动供应不清除，牛市不会顺利开始。蜡烛10的高量反弹告诉我们大跌产生的供应全部被主力机构吸收，如果后面有跟随，说明需求再次控制市场。**从这里我们看出，走势不是都按我们预想的方向走，我们随时要准备应对预料之外的走势并制定相应的出场策略。**

二次震仓：我们仔细观察，从蜡烛8起来的短期上涨趋势，到达Y之后又形成了一个小区间，蜡烛9的大幅向下突破实际上是又一个终极震仓，蜡烛10的快速反弹结束了这个震仓，此时又是个好的进场时机，进场后需要跟随行为来验证进场的正确性。

三、普通震仓

发生位置：在上升趋势中。经常发生在一些刚刚启动不久的个股上，有些主力为了洗盘、震仓，利用价格的深幅下跌，吓出不坚定持仓者和跟风者。

发生形态：上涨过程中，在没有看到任何供应出现的情况下，价格突然急速下跌，造成这种现象的原因是什么？是由于突发性消息，公众对此产生的临时恐慌抛售，主力机构趁机把他们的抛盘（供应）全部吸收。震仓发生后，价格会出现自然反弹，然后是二次测试（有些情况下适用）。

二次测试：如果震仓时伴随相当大的成交量，我们必须等待二次测试，以确认是否有新的供应进入市场，才能决定是否进场。如果在震仓就盲目

抄底的话，一旦有新的供应进入市场，我们就被市场锁在空中。二次测试
必须是小成交量，伴随小的振幅，牛市才能恢复。

　　震后结果：如果二次测试成交量非常小，说明供应耗尽，震仓是突发
消息后短暂的市场行为，所以牛市很快恢复。下面看图2-31。

图 2-31

　　市场背景：牛市中，价格携带高成交量突然下跌，我们看到它，首先
要想到普通震仓，因为目前是牛市，这种急跌可能是由于消息影响。

　　需求进入：蜡烛1是停止行为，需求进入并吸收了供应，因为它的行
为是放量滞跌。

　　二次测试：蜡烛2表示供应开始稀少。当天的走势为价格先跌到底部，
然后回升，收于高位。蜡烛2的初始阶段是下跌，属于测试蜡烛1的底部，
但是成交量明显缩小，说明价格在测试震仓底部的过程中，供应已经耗
尽，此时正是进场的好时机。蜡烛3是对进场的确认，因为他具备了跟随
的特点：更高的收盘价、最高价和最低价。蜡烛2~3的迅速反弹是对震仓
的确认。

本章讨论了市场底部的形成过程。包括熊市是怎么结束的以及确认熊市结束的市场行为。吸筹区间是 CM 收购股票的价格区，我们从中描述了 CM 的控盘手法和迫使公众割肉的策略。我们讨论吸筹的主要目的就是提醒大家不要盲目抄底。我们知道现在市场上充斥着各种信息，这些信息打乱了大家对市场的判断。市场的走势不以任何消息，技术指标或传言而改变，它有自己的规律。价格背后有 CM 操纵，我们必须培养能够解读 CM 行为的能力，这样就能跟住主力的脚步。

微信扫码添加舵手图书知识陪伴官
获取更多增值服务资料

第三章　威氏逃顶策略：
如何识别主力的派发意图

为什么很多公众被套在顶部，因为顶部充满着谎言。这种谎言让人们忘掉危机，这些谎言让全体公众疯狂，谎言的来源和种类很多，有来自CM 的、媒体的、上市公司的，他们制造谎言的目的是让公众接盘。CM 在底部吸筹阶段收购股票后，基金公司和公众帮助把价格推高。当股票涨到了 CM 设定的目标价位时，他们开始出货，但是市场必须有足够的买家才能让 CM 顺利出货。本章的宗旨是利用市场行为识别出 CM 的用意和谎言，以便保护自己的资本。市场到顶的理论根据是供应开始大量进入市场，然后需求耗尽，导致供应完全控制市场，当我们从价量关系中得出这些理论根据成立的时候，就是牛市已经结束。

本章我们将要讨论如下话题：

- 牛市中危险什么时候来临？有哪些细节可以提醒我们市场到顶了？
- 派发的过程是什么？分几个阶段？我们应该在哪个阶段全身而退？
- 哪些市场行为可以引起公众疯狂抢购？哪些现象让公众确信牛市会继续？
- 在派发阶段，谁是需求方？谁是供应方？
- 如果做空，哪个阶段是最好的做空点？
- 主要市场行为：弱势出现（SOW），上冲回落（UT），冰线和破冰，突破幅度缩小（SOT），抢购高潮。

第一节　以下现象告诉你牛市可能到顶

一、上升的突破幅度递减

如果上涨波的突破幅度递减，表明需求开始减弱或者来自供应的压力增大。突破幅度是两个上升波顶点的距离。但是有时我们看到趋势中很多小的上升波，我们不可能每个波峰都画线。我们要找那些有深度回调的上升波。这些上涨波首先要创新高，然后回调几乎碰到通道下轨。有时间多找些趋势图，尝试着用这种方式判断趋势中出现的预警信号。突破幅度递减，说明随着价格上升，需求开始匮乏，需求的匮乏会导致供应变得积极，接下来的供求关系可以告诉我们是否派发开始。我们看 2015 年上半年的上证日线（图 3-1）。

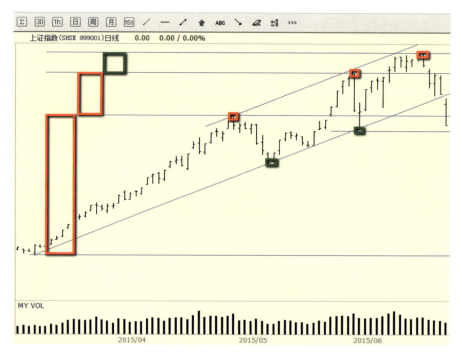

图 3-1

一旦发现上涨波的突破幅度明显递减，**就要小心**。这种异常市场行为出现后，我们必须着手分析它的来源和可能造成的后果。一种可能是需求在萎缩导致上涨力度减小；另一种可能是 CM 开始出货，导致市场上股票供应量增加。这两种可能所导致的结果是牛市接近尾声，以及价格出现大幅回调或者反转即将开始。行情中出现这种行为，我们应该缩紧止损，并准备好出逃计划。当上升趋势线（支撑线）被突破的时候，市场上的股票投放量已经远远超过需求，市场的牛市背景由此改变。如果之前你还对趋势抱有幻想，现在无论是盈亏，必须离场，避免灾难。趋势反转之前不是每次都有这种现象出现，但是一旦出现，就要警惕。这种突破减小的市场行为的英文是 Shortening of Thrust，简称 SOT，为了叙述的一致性，我们以后将使用 SOT 来代表这种市场行为。

在牛市中，需求的持续主导地位使价格上涨，价格出现回落是正常的价格行为，是因为上涨中遇到了一定压力，这种压力来自于临时的供应扩大现象，或者说价格的上涨遇到了供应。一旦这些短暂的供应不再持续，需求必须恢复原有的力度才能使价格持续上涨。如果恢复上涨的力度很小，说明需求没恢复价格回落前的那种力度，导致趋势的节奏变缓。这种现象出现之后，我们应该密切关注接下来的供求关系，如果供应持续增加，而需求持续疲软，市场变盘的可能性增大。

我们也可以用超买和超卖线识别突破幅度递减。比如在上升轨道中，在价格出现一个深度回调后（这里说的深度回调是指回调到支撑线），接下来的反弹没有到达超买线就折返，这是突破幅度减小，如果连续几次的反弹都无法接近超买线，更说明需求已经很弱，后市如果出现供应扩大的现象（回落超过 50% 和放量突破支撑线），会导致派发出现。在熊市的下降轨道中，如果价格下跌无法达到超卖线，这是突破幅度递减行为，说明供应的减少和需求的增强，熊市可能因此停止，我们需要吸筹过程来验证。如图 3-2 所示：

图中画圈的地方是反弹后的高度，反弹只到中线位置就折返，根本没有能力去测试超买线。通过这种观察，我们知道突破幅度缩小。它只是告诉我们需求减弱，会导致回调，至于这个回调是否带来派发或者反转，要看回调是否有供应扩大的现象。从图中看出，最后的回调表现出供应超过需求，因为价格明显地突破了支撑线。

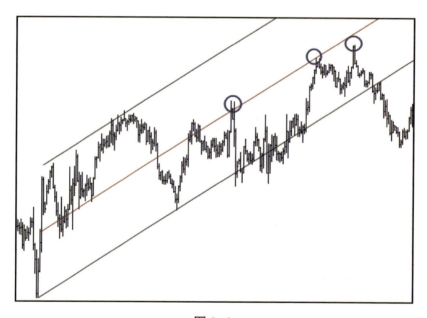

图 3-2

二、50%原则：牛熊的分界线

我们用一个例子解释这个原则。比如在牛市中，价格从 10 块涨到 20 块，那么回调 50% 的位置就是 15 块。如果回调没有低于 15 块，说明上升保持强势。反之，如果跌破 15 块的幅度比较大，说明趋势减弱。我们在使用这个原则的时候，千万别教条地认为一定要正好回调到 50% 位置。价格回调到 50% 停止下跌是第一信息，属于表象，我们还要看这个回调过程是否有蜡烛和成交量缩小的情况。如果是，市场上的股票供应量耗尽，市场还处于上升背景当中。

在上升趋势中, 当我们发现上升波的回调不止一次出现**超过**50%的现象时, 这是一种警告。这种现象出现之后, 我们要观察是否有需求减弱的现象, 供应是否在继续扩大。我们看上证日线图3-3:

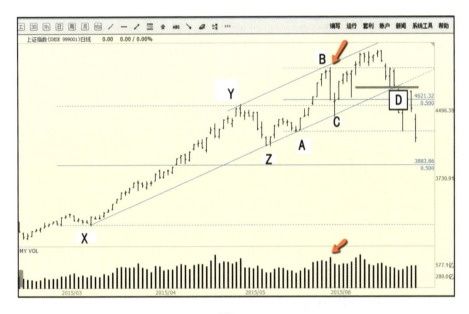

图 3-3

如图3-3所示, X～Y的50%回调位置是3883附近, 牛市没有受到威胁, 因为Y～Z这个回调远远高于3883, 市场会继续创新高。如果你要进场, 现在是好时机。B～C的回调明显突破了A～B的50% (4621), 而且价格波动和成交量有明显增长现象, 这是供应扩大的现象, 此时牛市受到威胁。我们要观察是否有其他顶部预警信号, 并制订下一步计划。虽然下一个回调在50%位置 (D) 有反弹, 但是这个反弹第二天立刻被拒绝, 进一步说明供应还在继续, 此时市场明显处于弱势当中。我们再看从C起来的反弹高度, 需求还减弱, 因为价格突破B之后没有任何进展, 这是突破幅度减小的行为。当我们看到这种情况, 立刻离场是避免灾难的唯一方法。我们可以把突破幅度减小和 50% 原则一起用，其中突破幅度递减表示市场的需求开始减少，而价格突破 50% 又说明供应在扩大，有了这两个信息，说明牛市暂时停止，市场将进入回调。如果接下来的回调带量突破上升趋势线（支撑线），说明供应超过了需求，市场的派发阶段将要开始。

　　50% 原则同样可以用于下降趋势中，我们看上证的周线图 3-4：

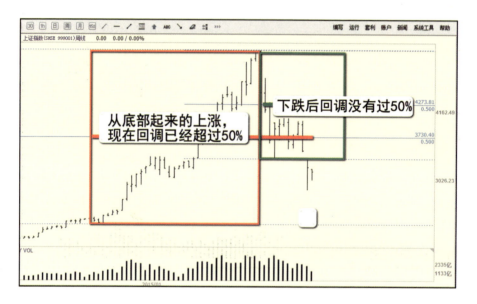

图 3-4

　　上证指数从 2014 年后半年的起飞，到 2015 年 6 月份结束，然后开始回调到 7 月初，这个回调已经严重超过了前面上涨波的 50%，说明需求在减弱；在这个深度回调中，我们看 7 月份有短暂上涨，但是没有改变下跌的趋势，因为这个反弹没有超过前面下跌波的 50%，这再一次确认了牛市的结束，也证实了供应在控制市场。在这种背景下，抢反弹是逆市而为，风险远远大于盈利。任何时候，在我们进场前，要先看看当时的市场背景，而使用趋势线，突破幅度减小和 50% 这三种工具，可以让我们掌握当时的市场背景，这样我们才能知道自己的操作是否在当时的市场背景下进行。比如 2015 年的上证大盘周线，7 月后的市场背景是熊市，任何时候抢反弹都是和市场大背景作对，违背了顺势而为的交易原则。

在牛市中，突破幅度递减和 50% 原则出现后，我们知道需求减弱和供应增强，而放量突破趋势线说明供应不但增强，而且超过了需求，说明市场出现了熊市特征。这种特征需要接下来的派发过程验证。同理，在熊市中，向下的突破幅度递减和 50% 原则出现后，我们知道市场的供应在减弱，同时需求在增强，接下来如果出现放量突破下降趋势线（供应线）的情况，说明需求已经超过了供应，这可能导致趋势反转。至于是否熊市结束和牛市开始，我们需要吸筹过程来验证。在趋势线突破的过程中，成交量是关键的因素，它决定着突破是否成功并带来新的趋势。

第二节　CM 的出货过程

整个出货过程包括四个阶段。第一阶段是描述牛市如何结束。第二阶段描述 CM 是怎么设立出货（派发）区，又是怎么引诱公众继续买入的。第三阶段讲的是测试过程，CM 想确定需求已经耗尽，并准备让股票进入降价阶段，这个阶段最重要，因为它确认市场处于派发阶段并且接近尾声（顶部成立）。最后一个阶段是熊市信号（SOW）出现，然后整个市场进入熊市。

一、牛市是怎样停止的

牛市的停止需要四个市场行为。对于公众来讲，这四个行为是不同程度的警告。无论是你有仓位，或者你因为任何原因打算入场，当你看到这四个行为出现的时候，一定要谨慎。这四个市场行为按顺序分别是：初次供应（股票供应量开始扩大）、抢购高潮（股票供应量继续扩大，公众进入疯狂接盘阶段）、自然回落和二次测试。其中成功的二次测试标志着牛市的结束。虽然有时牛市没有出现抢购高潮，而以圆顶结束，但是抢购高潮体现的到顶信号更明显，因为它包含了公众的贪婪、盲目和疯狂情绪。作为交易员，控制情绪是首要素质。

在继续讨论派发之前，我们这里详细阐述一下牛市中 CM 为什么总要设法把公众拦在场外？

CM 在底部满仓之后，坐等价格涨到出货目标派发。在价格上涨过程中，CM 尽量让公众在场外，即使有公众跟趋势进场了，他们也使用技巧把公众甩出去。他们为什么不让公众持仓？我们用个假设，一旦所有公众都满仓了，那么等 CM 出货的时候，他们能找到买家吗？所以 CM 必须尽量让公众不入场，或者入市了也要把他们挤出市场，这样做的目的让公众在将来派发的时候接盘。

CM 是怎么驱离公众出场的？第一个策略是震仓，这个我们在第二章提到过，CM 利用急跌的办法，把不坚定分子吓出去；第二个办法是疲劳战术，这个大家也经常碰到。公众喜欢突破时进场，因为突破的那种快感让公众感到幸福。CM 当然了解公众的心理和操作习惯，他们在突破后操纵价格并让走势变得枯燥和杂乱无章。CM 这样做的目的是让跟风进场的公众烦躁和失望。公众看到市场没有因为他们买入而上涨，于是他们开始怀疑走势，甚至认为价格很快会下跌。在失望中，他们平仓出场。CM 就是利用这些策略把公众堵在场外，等到他们需要公众冲锋的时候（比如在阻力位置），他们会利用媒体和急涨造势，让公众因兴奋和贪开始抢购。

牛市中，市场处于供不应求状态。每个价位的股票都无法满足所有买家，所以买家只能提高成本才能买到股票。那么这种趋势持续到什么时候为止？试想，如果所有买家都能轻易平价买到股票，价格还会像原来那样涨吗？当然不会，因为市场已经有充足的股票供应来满足他们的需求，他们不用竞价就能买到平价股票。随着市场上股票的投放量扩大，价格停止了上涨，导致牛市进入尾声。

在顶部，CM 是怎么引诱公众接盘的？在出货前，他们买通媒体，让媒体营造利好气氛；同时他们伙同上市公司，发布产品和业绩的利好消息。公众看到这些好消息，匆忙进场，因为担心错过更猛地牛市。CM 还有一个办法是价格急涨。这种急涨吸引了公众的眼球，他们认为现在不买，就错过这么好的牛市了。于是贪婪的本性让他们疯狂抢购。CM 正是利用了这种疯狂来出逃。

二、初始供应

从字面上讲，初始供应是牛市中首次出现大量供应上市的行为。这些卖盘一部分来自 CM，他们这样做是因为价格已经接近他们的目标。初始供应在图上的表现是放量下跌，或者先急速上涨，然后放量下跌。初始供应只是临时阻止牛市发展，不是牛市结束。接下来我们还会看到抢购高潮，自然回落和二次测试。有时初始供应表现不是很明显，我们就把初始供应和抢购高潮当作一起发生。对持仓者来说，初始供应是个预警信号，我们不能忽视，要提前做好危机来临准备。

其他 CM 看到了初次供应，他们开始考虑是否开始出货。如果他们决定出货，他们会通过媒体等手段设计抢购高潮，然后会在高位设定一个支撑价位（派发区底部），并在出货完成之前用买单保护这个支撑。当我们看到每次价格回到支撑后就反弹，并且价格反弹到顶部时候出现扩大的成交量，说明 CM 在派发。看到这种行为的时候，我们必须启动出逃计划。当这个受 CM 保护的支撑被长阴线增量突破的时候，说明 CM 已经撤掉夹板，他们的货快出完了，不用再保护这个支撑了。到那时，熊市即将开始。上述市场行为的细节都应该作为风控和资金管理的重要组成部分。

三、抢购高潮

CM 派发（或者叫出货），无非是把吸筹时期买的股票在派发阶段卖出去。公众是接盘方，他们买的原因多数是因为当时市场的一些利好消息（当然设计这些消息的是 CM）。这些消息当中，有的是关于国民经济的，有的是上市公司放出来的，还有很多专家的预言。这些消息或者传言让公众认为他们的建仓行为非常有道理。在所有消息中最能让公众疯狂的是价格的急速上涨或者不断地快速突破。很显然，这些暴涨行情是 CM 制造出来的。

公众抢购股票的主要原因是他们坚信自己的股票很快能带来利润。他们有的追高（买突破）；有的买回调，因为他们认为自己在大牛市中捡了便宜。当 CM 完成出货之后，他们不再保护自己设立的支撑（可以从增量突破支撑或者支撑上无力反弹看出 CM 已经不保护支撑夹板了），同时他们开始做空，期待接下来的熊市创造利润。场外其他的聪明钱察觉出 CM 的意图（我们也应该成为聪明钱），也纷纷出逃，然后跟着 CM 一起做空。这几种行为使得流入市场的卖单剧增（股票的供应量剧增），供应完全控制市场。公众由于在抢购高潮中已经满仓，现在没有能力去接这么巨大的卖盘（说明市场需求耗尽），结果导致市场进入熊市。

抢购高潮是一个更明显的触顶信号。它反映出一种（公众）在贪婪和希望情绪驱使下的疯狂行为，而制造这些贪婪情绪的是 CM，他们的派发正在充分满足公众的贪婪。市场的股票供应增大是牛市发展的最大障碍，也是导致趋势反转的最主要因素。我们不能忽视，因为危机的脚步越来越近。抢购高潮在图上的表现是成交量陡然剧增，同时上涨速度骤然加快，如果用趋势线衡量速度，其上涨角度开始变得很陡（走向垂直，已经严重超过了 45 度角）。派发时间要比吸筹时间短，因为派发中，公众是因受到蛊惑心甘情愿地买入。但是在吸筹中，公众是因恐惧被迫地抛售（挤牙膏式）。下面我们看图 3-5（2011 年末到 2012 上半年的纽约铜）。

首先从柱 1 往左看，这是抢购高潮，因为它的行为是天量创新高，有时我们看天量不只看一根蜡烛，而是看一波的成交量是否是上涨以来的天量。这里我们讨论的是单日成交量。趋势从 A 到 B 的上涨是缓和的正常上涨，但是 B 到 C 的上涨角度开始扩大，让人感觉有人在着急，市场可能进入超买状态。然后看柱 1 的突破幅度，从它后面的急跌柱我们知道，柱 1 的突破属于突破没有进展，而参与突破的努力又是上涨以来最大的成交量，我们应该怎么翻译这个市场行为？这是非常明显的供应扩大现象，来自 CM 的出货开始了。到这里位置，市场已经给了出货的初步证据，下面我们观察需求是否耗尽以及供应是否继续扩大的证据。此时我们要从观念上有所改变，告诉自己市场的背景已经改变。

柱 2 的急速反弹说明 CM 在建立支撑，目的是在这个支撑之上派发。我们仔细观察从柱 2 起来的反弹和反弹后的回落，哪个过程强度更大些？从下跌过程的阴线的长度和成交量（柱 3 及其成交量）大于反弹过程中的阳线长度和成交量来看，很明显卖单的力度更大些，柱 2 那么大力度的反弹却没有让价格创新高，说明努力没有带来相应的结果（需求严重不足），这个无果的反弹是成功的二次测试，确认牛市暂时终止。

柱 4 的出现，告诉我们 CM 已经不保护支撑了，因为他们在高位已经派发完毕，再无法找到买家，现在他们准备在低价位找买家继续派发。这里柱 4 的行为叫作破冰，确认前面的震荡过程是派发。4 之后的反弹过程中成交量递减，说明需求已经耗尽，这个反弹的顶部叫作最后的派发点（LPSY）。如果做空，LPSY 是最佳位置；如果出逃，LPSY 是最后一班车。LPSY 的更多内容请登录 www.duoshou108.com 观看视频课程。

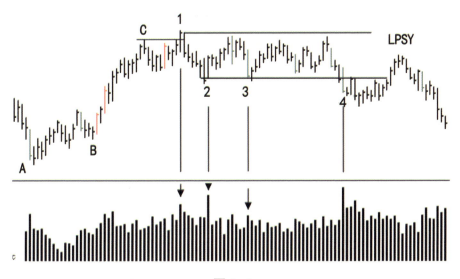

图 3-5

四、自然回落和二次测试

抢购高潮之后的市场行为是自然回落和二次测试。其中二次测试的成功标志着牛市的终止，如果你还在持仓，应该考虑离场了。如果因为消息的鼓动还想买股票，此时无论你有多么好的预期，都不要买入。二次测试是看公众的购买力是否已经耗尽，如果没有，那么市场还需要几次测试才能最终知道结果。自然回落的低点和二次测试的高点形成了震荡区。如果确认是 CM 开始派发，这个震荡区是 CM 的派发平台。如上面的图 3-5 所示：抢购高潮之后，1~2 的过程是自然回落，2 之后的反弹是二次测试，二次测试的成功与否决定着牛市是否暂时终止。下面图 3-6 是抢购高潮，自然回落和二次测试的示意图。

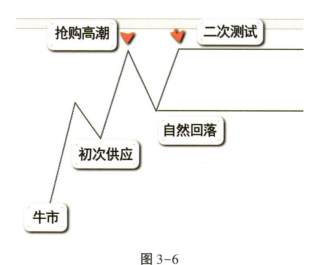

图 3-6

二次测试之后的震荡区内，初期价格波动比较猛烈，因为公众还在抢购。由于 CM 不断投放大量股票给市场，价格的上涨总是无功而返。随着 CM 的不断出货，价格的波动和成交量也逐渐减弱。到这里，我们还无法确定这个震荡区是派发还是吸筹，或者就是横盘交易。直到进入测试阶段，我们才能确认市场是否在派发阶段。我们尽量避免在震荡区内交易，应该耐心等待震荡区右手边出现明显强势或弱势特征。

第三节　第二阶段：派发的确认阶段

在这个阶段，我们通过测试行为来确认市场在派发阶段。这些测试行为包括：熊市初显（SOW），上冲回落（UT）。这个过程是整个趋势的转折点，因为无论出现任何到顶信号，最终决定市场由牛变熊的因素是供应。只要市场没有出现股票供应量扩大的现象，牛市就没有真正终止，熊市也就没有开始。这个阶段有两个供应的表达方式，一个是上冲回落，另一个是熊市初显（SOW）。为了本书叙述的一致性，我们统一使用 SOW 来表示熊市初显的信号。在第二阶段，我们有两个做空点。一个是在上冲回落，另一个在 SOW 之后的回测。

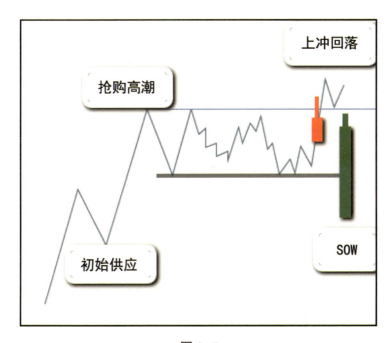

图 3-7

一、上冲回落（UT）

如图 3-7，上冲回落在威科夫交易方法中占有重要地位。它的行为是价格试图突破震荡区顶部，结果没坚持住，然后立刻跌回震荡区，它的形成过程是 1 至 3 根蜡烛。上冲回落之后必须有跟随才能证明市场的供应强劲。上冲回落是 CM 的一个测试需求的策略，目的是扫清空头的止损，同时评估突破过程中需求是否枯竭。价格回落到区间，表明突破后没有需求跟进，供应控制了市场。上冲回落过程中成交量是增加的，它说明买方付出很大努力让价格离开震荡区，但是突破遇到了强劲的供应（如图 3-5 中的 1 号柱）。一个例子可以更清晰地说明上冲回落的意义。比如价格从 50 元涨到 51 元的时候，买方的努力是 1000（成交量）。第二天价格又从 51 元涨到 52 元，这次买方的努力是 2000。这个例子告诉我们，买方虽然付出了双倍的努力，但是没有得到相应的收益。出现这种结果的原因是，在第二天的交易中，市场上股票投放量扩大，导致卖方更加积极地竞相出货（也就是供应超过了买方的需求）。这种现象下威科夫理论中叫作努力没有结果，是一种停止行为。上冲回落的确认是接下来价格出现放量下挫的现象，**表明供应持续控制市场，市场正式进入熊市**。很多时候价格应该做什么但是没有做成，这是个警告。在实际交易中，使用这种方法可以提前判断出反转。**如果做空，上冲回落是个进场点**。有时在测试阶段，CM 没有使用上冲回落的方法，他们直接使用放量下挫的方法，我们把它称为 SOW。UT 和 SOW 已经是市场对买方的最后通牒。UT 和 SOW 的更多分析请登录 www.duoshou108.com 观看视频课程。

二、弱势出现（SOW）

如图 3-7，SOW **是市场进入熊市的信号**。SOW 的特点是放量长阴，必须出现在震荡区的右手边才有效。当这种行为出现的时候，市场只是出现了可能的 SOW，**它必须要经过紧接着的无量上涨才能确认**。SOW 有两种表现方式。第一种是在震荡区内，表示供应完全控制市场，并且正在努力向下突破震荡区。第二种是直接突破震荡区，我们称之为突破冰线。价格跌破冰线之后，会有个大幅的下跌。这里用了一个形象的比喻，就是把支撑比喻为冰线。价格突破震荡区底部，就像一个人跌落冰线（如图3-5中的4号柱）。他在冰下向上努力的时候，如果碰到冰层很厚（供应），他们会再次沉入水底。把这个比喻用在市场上，如果价格破冰之后再返回冰线时遇到强大供应，那么这次努力会失败，价格会重新开始下跌。SOW之后，价格以小的成交量和蜡烛的反弹叫作最后派发点，简称LPSY。LPSY是威科夫交易中的最佳做空点。看图3-8（深振业2015年9月至2016年2月初日线）：

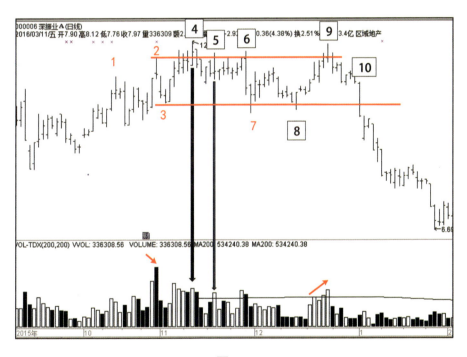

图 3-8

从图的左面向右看。1号柱的那一波是初次供应，进入市场的供应开始扩大。2 号柱是抢购高潮（天量新高），供应开始扩大，有派发可能。3 号柱是自然回落，4 号柱是二次测试，4 号的特点依然是扩量高抛，说明供应持续入市，然后 5 号和 6 号柱的情况相似，同样是扩量高抛。4、5、6 号柱的行为说明卖盘在持续增加，此时公众需要头脑清醒，而不能再受任何蛊惑追高，因为市场的自身行为已经告诉我们 CM 可能在派发。

7 号和 8 号柱的行为明显告诉我们 CM 在建立派发的支撑价位，这个行为也告诉我们 CM 还没有派发完，他们会在反弹中继续派发，而这个反弹行为恰恰是蛊惑公众追高的手段。9 号是测试，这是个上冲回落，目的测试需求的力量，同时也为锁住最后的买家。我们看 8~9 这一波的成交量还在递增，说明部分公众还在追高。9 号的上冲回落确认左面的一系列市场行为是派发，市场即将进入熊市。10 号是破冰，也是 SOW，虽然成交量不是天量，但是它在增长。在关键位置，成交量的增长更重要。10 号的长阴突破是供应超过需求最明显特征，而扩量又说明流入市场的卖单在增加，市场破冰之后的任何反弹都是做空点，因为破冰之后的下跌空间很大。

第四节　派发案例

一、抢购高潮，二次测试，CM 建出货支撑

如图 3-9 所示，我们看黄金 2011 年第四季度的 3 日线。市场在 X 的位置的成交量扩大，但是涨幅缩小，说明供应扩大。这是初始供应，一部分开始出货。

从 1~2 这波是抢购高潮，因为成交量和价格都暴涨，同时上涨速度突然加快。蜡烛 3 是自然回落。注意蜡烛 3 的收盘和成交量。收在高位说明公众还在疯狂抢购，他们认为黄金还在牛市，现在价格回落，正好以便宜价格收购。这个过程属于自然回落。自然回落的底部是 CM 建立的派发支撑，我们也称为冰线，在派发还没结束的时候，CM 会保护这个支撑，不

让价格跌破。一旦价格跌落冰线，说明 CM 的派发接近完成，后面下跌空间会很大。

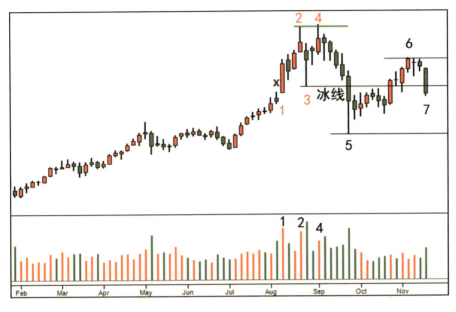

图 3-9

蜡烛 4 再次探顶，进入二次测试过程。它的成交量相对增长，但是已经小于抢购高潮时的成交量，说明人们的购买力开始消耗，表明牛市已经停止继续发展。蜡烛 4 本身是个上冲回落，说明顶部价位的黄金供应非常充足，CM 还在大量派发。**这个上冲回落是供应超过需求的证明，也是个不错的做空点。**蜡烛 3 强力反弹之后，黄金价格一直在涨，探顶时成交量又增加，说明价格已经准备好继续上涨。但是这种努力因供应扩大失败了，导致价格直接跌落冰线到蜡烛 5。

蜡烛 4~5 这一波暴跌伴随剧增的成交量说明市场出现 SOW（这个 SOW 也是破冰行为，它完成了测试阶段并确认了 CM 的派发和熊市的开始）。我们蜡烛 5~6 的上涨过程有什么特点？第一，成交量大幅低于 SOW 的过程，说明公众的购买力已经耗尽。第二，蜡烛 4~5 的大跌经历了 21

天，蜡烛5~6的上涨经历了43天，但是成交量大幅缩小，表明供应大于需求。这种现象告诉我们蜡烛4~5是SOW，并且蜡烛5~6的上涨过程（LP-SY）确认了SOW。**我们可以在蜡烛7后面的反弹做空。SOW之后的确认过程如果是相对大的阳线伴随递增成交量，说明市场有新的需求进入接盘。如果这种现象出现，SOW的功能就失效。**

SOW之后，黄金立刻快速下跌。蜡烛7是个长阴，伴随成交量的扩大，说明供应继续控制市场。

我们继续看图3-10，该图告诉我们要时刻衡量供求关系，因为市场不会因为我们进场而完全按照我们的方向走。

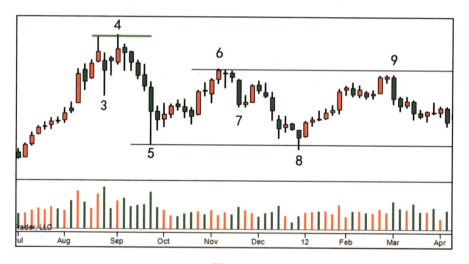

图 3-10

从图3-9的分析，我们知道蜡烛5是SOW，蜡烛5~6的无力上涨之后，市场应该进入熊市。但是这次下跌止于前支撑位置。截止到蜡烛8，我们从超卖角度看蜡烛4~5的急速下跌，它属于超卖行为。同时蜡烛5的成交量剧增和高收盘更像是小型恐慌抛售。如果是恐慌抛售，说明市场可能进入再吸筹阶段，然后牛市继续。那么我们从图3-9得出的派发结论会被市场自身行为推翻。如果蜡烛 5 恐慌抛售之后，我们从吸筹的角度看待当时的行情，蜡烛 5~6 就是自然反弹，蜡烛 8 是二次测试，而且很成功（因为蜡烛 6~8 的成交量远远小于 4~5 的恐慌抛售阶段），它告诉我们从蜡烛 4 开始熊市有可能终止。自然反弹和二次测试之后，市场进入震荡区，我们要在震荡区的发展中判断这个震荡区是再吸筹还是再派发，因为这个判断关乎下一步的方向。前面我们讲过，判断一个震荡区是吸筹还是派发，关键是测试阶段的市场行为。

在震荡区交易进行中，我们要耐心等待结束震荡区的价格行为出现。

- 如果出现 SOS，终极震仓或弹簧效应，说明这个震荡区是再吸筹，然后牛市恢复。
- 如果出现 SOW，或者带量上冲回落，说明这个震荡区是再派发，然后熊市继续。

蜡烛 8~9 的上涨势头很好，这一点可以从连续的阳线和递增的成交量看出。这种上涨被蜡烛 9 的放量阴线压住，如果是吸筹，说明 CM 的收购还没结束。因为目前价格还在派发区之下（蜡烛 3~4），所以蜡烛 7 和蜡烛 9 的放量阴线表明市场上的黄金供应量还有扩大的现象。

我们继续看图 3-11，为节省空间，我们用柱形图展示。绿色柱是放量下跌，红色柱是放量上涨。

图 3-11

交易还在震荡区间进行。从 5~12 这段时间震荡区交易持续了 18 个月。在这个区间中，上涨波的速度远远大于下降波，说明买方在抢购。这种抢购在顶部遇到了强大的供应之后，价格再次探底。我们注意蜡烛 10 那一波的探底反弹过程：4 根柱在支撑上横盘，而且成交量很大，这是努力没有结果，说明人们以强大的需求接盘。我们再看蜡烛 11~12 的走势。蜡烛 12 是小型恐慌抛售，然后是自动反弹和二次测试。但是二次测试的成交量比较高，说明黄金的卖盘（供应）还很大，市场需要再一次测试来确认供应消耗。

再次的二次测试后价格开始反弹，同蜡烛 10 和蜡烛 8 的反弹相比，这个反弹非常的弱。在继续分析之前，我们先说说支撑。所谓支撑，有两个内涵。第一是这个价位买家的需求大，所以价格一回来就有买家收购。第二是这个位置有大资金保护。以上两种原因使价格在支撑出现强力反弹。但是本图的二次测试之后，蜡烛和成交量都相对缩小，说明这次反弹非常的弱。弱的原因是没有需求，或者买家在这个价钱已经没有行为，或者是大资金不愿意保护这个价位。所以此时非常危险，如果市场想要向上发展，接下来必须出现个强势阳线，伴随增加的成交量。否则这个支撑将要失效，价格会继续下跌。

蜡烛 13 是反弹后回调的第一根柱，成交量大幅增加。只有供应扩大我们才能看到这种现象。蜡烛 13 非常小，不容易引起人们的注意，它告诉我们两个市场现状：第一，价格没有出现上面所说的强势阳线，表明下面的支撑将失效。第二，继上次清仓（蜡烛 12 的恐慌抛售）之后，在反弹中又遇到了清仓行为。以上两种现象已经非常清晰地告诉我们，目前需求无力。如果接下来探底没有强力反弹，市场的清仓行为还会继续。

蜡烛 14 是放量下挫并突破冰线，供应已经完全占上风，行情看跌。蜡烛 15 继续放量下挫，从蜡烛 13 到蜡烛 15 这一波是 SOW（这是我们要等的确认派发的信号）。SOW 的出现结束了震荡区交易，也确认了整个的震荡区是再派发（蜡烛 5 之后的震荡区中，我们没有看到 SOS 出现）。从此，价格进入长期的熊市。黄金从 SOW 时的 1600 点，短短两个半月时间，跌到 1200 点。

图 3-12

二、低位派发

下面这个例子是低位派发，这种派发没发生在顶部，而是**发生在 SOW 之后**。这种情况往往给人错觉，认为市场在做底（如上面的案例），但是在你做决定之前，要仔细分析其中的供求关系。在这个派发区间内，供应是否在枯竭，需求是否在大量吸收供应。如果没发现这些现象，说明这个区间不是吸筹。反之如果发现下降的成交量和蜡烛大于上升的成交量和蜡烛，或者每次反弹都遇到明显的供应，这是派发。**再一次告诉你，不能盲目抄底**。下面我们以图 3-13 为例讨论低位派发的行情，这种行情在中国 A 股市场发生过（2015 年之后）：

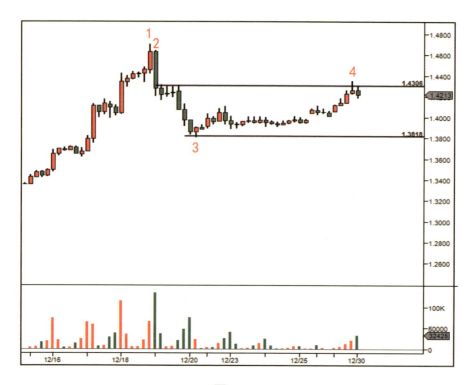

图 3-13

　　蜡烛 1 是抢购高潮，然后蜡烛 2 放量下挫，这是 SOW。然后价格形成了区间交易，那么这个区间到底是吸筹还是派发，我们从 3～4 的回升中看出，成交量随着价格上升而递减，这是缺乏需求的表示。要想确定这个区间是吸筹，我们应该看到持续增长的需求。但是这种情况没有出现，反而在供应区出现上冲回落（蜡烛 4），这是明显的供过于求的行为，也是确认派发的行为。现在有 3 个市场行为确认了区间是派发：第一，这个市场的背景有放量下挫的行为（蜡烛 1～3）。第二，蜡烛 4 是上冲回落。第三，回升过程没有需求加入（蜡烛 3～4）。如果你在蜡烛 3 抄底了，看到这些情况，必须离场，避免灾难。

　　看下面的图 3-14。蜡烛 4 的上冲回落之后，价格出现了放量阴线下挫，这是对上冲回落的肯定和跟随，说明供应超过需求。这再一次提醒抄底的公众，不能再心存侥幸，灾难很快到来。如果已经抄底，需要看到 SOS 来确认这个震荡区是吸筹，但是我们没有看到 SOS，所以要及时离场。

上冲回落加上放量下挫后，价格开始回升，但是这个回升告诉我们需求完全枯竭，因为成交量和高低价差的递减，需求已经没有任何能力化解来自供应的压力。

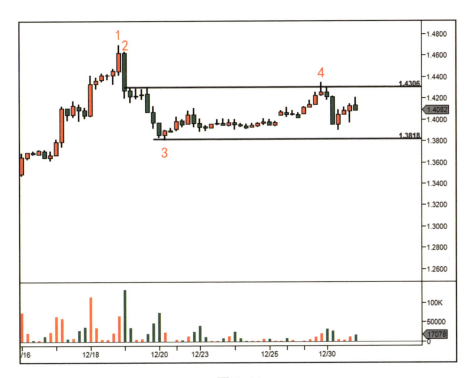

图 3-14

继续看图 3-15。需求的匮乏导致价格最终破冰，然后价格急速下跌。如果你还没有出场的话，现在为时已晚。

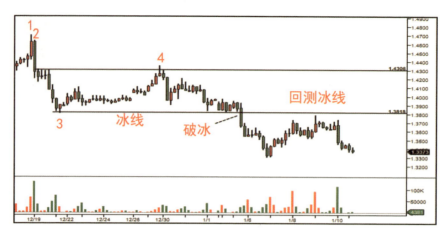

图 3-15

三、2015 年中国股指案例，观察 CM 的离场策略（制造临时支撑，引诱公众追高）

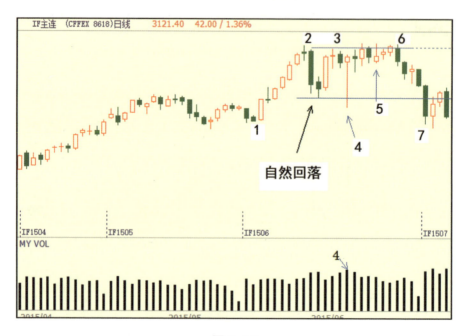

图 3-16

1. 趋势线速度，如图 3-16 所示，从 5 月 19 日到 5 月 27 日之间，仅仅 7 个交易日，指数涨 800 多点，但是之前要花一个月时间才涨了 800 多点（4 月份），从 1 开始的趋势线几乎是垂直上涨，这种速度背后有一种着急心态，这是 CM 的一个策略。他们故意让价格看起来涨势凶猛，以此挑动公众的兴奋神经，使市场当时出现了抢购高潮，而 CM 在利用这种疯狂转移风险给公众。

2. 看蜡烛 2（十字星），成交量同前一天比没有减少，说明公众还在抢购。但是价格没有出现以前的那种涨势，反而收在中部，说明供应正在超过需求，这是个最明显的派发信号。公众的努力没有减退，是什么力量抑制了价格的增长？这种力量来自于 CM 的隐蔽式派发使市场上供应量增加。看到这种现象，我们应该开始小心。

3. 抢购高潮出现后，价格开始自然回落，然后是二次测试（蜡烛 3）。自然回落中的最后一个小蜡烛的成交量增长，说明卖盘还在继续，但是缩小的蜡烛告诉我们，这是停止行为。有人在阻止价格下跌，否则这么大的卖盘，价格跌幅会很大。这是 CM 在制造支撑并抑制价格下跌，为什么？因为他们肯定还有没卖完的股票在手，他们需要一个区间继续派发。我们看到这么多隐蔽的危险信号后，必须在价格再次探顶的过程中，实施离场计划。任何时候，当我们看到牛市中的成交量开始连续几天猛涨，市场就有可能进入抢购高潮。

4. 蜡烛 4 是个陷阱，为什么？高成交量反弹，这是非常强劲的需求，说明广大公众还在因股票便宜而疯狂抢购。强大的卖盘一度将价格压到冰线之下，然后被强大的需求顶回区间内。试想，买方这么大的努力，应该使价格暴涨，但是蜡烛 4 没能突破顶部，这说明供应依然强劲。

5. 蜡烛 5 试图带量突破阻力，但是失败。这是个上冲回落，再次证明供应的强劲。**接下来的回升伴随着小蜡烛和小成交量，说明需求已经耗尽，这是成功的二次测试，牛市已经终止。**

6. 蜡烛 6 的成交量略有上升，但是关键的是它的收盘低于前一天，这说明 CM 开始降价满足公众的需求（此时公众认为股票便宜，还在买）。**这个是最重要的熊市信号，但是很容易被人忽视。**

7. 蜡烛 6~7 的暴跌是 SOW，特别是蜡烛 7，放量突破了冰线。冰线一旦被成功突破（带量突破），市场大跌在即。我们继续看接下来图 3-17 的走势：

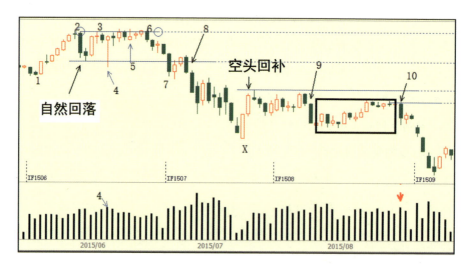

图 3-17

- 蜡烛 8 开始，价格再次突破冰线，离开震荡区。

- 我们看蜡烛 8 之后的下跌速度之快，表明市场进入超卖状态。我们期待有反弹。

- 从蜡烛 X 起来的反弹是熊市中第一次大幅上涨，但是成交量很小，说明这是空头回补或者散户抄底，不是需求（不是 CM 的行为），所以熊市没有结束。

- 蜡烛 9 长阴下跌，而且成交量保持高度，说明目前市场的供应还在扩大，这是潜在的 SOW，但是需要无量反弹确认。

- 方框中的上涨花了三周时间还没有弥补蜡烛 9 那波的损失。虽然成交量还保持力度，但是价格上涨没有任何进展，这是努力没有结果。这个回升确认了蜡烛 9 那波下跌是 SOW。SOW 的出现，证明了这个震荡区是派发，不是吸筹。

- 蜡烛 10 的放量下挫，是熊市的真正开始。它的含义和蜡烛 6 是一样的，CM 在开始降价派发。

四、没有抢购高潮的派发

很多时候，牛市不是以抢购高潮结束，只是蜡烛和成交量逐步递减，这种现象是需求耗尽。确认这种牛市结束的方法是市场上股票供应在价格回落中剧增。这种牛市结束的特点是，在震荡区内，每次反弹之后，蜡烛和成交量的长度随着价格上涨递减，这是需求耗尽的现象。然后立刻放量下挫，这是供应控制市场的现象。

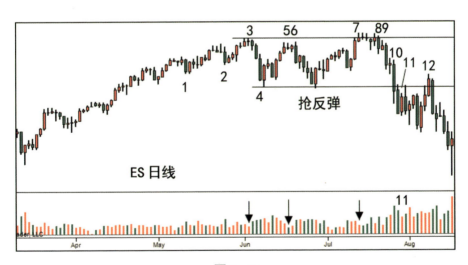

图 3-18

牛市当中，如图 3-18 所示，我们看到几次的带量的反转蜡烛（蜡烛 1 和 2），他们的出现不要惊慌，因为我们没有看到股票供应增加的现象。单单一个反转蜡烛，不会对趋势有什么威胁。每次的反转蜡烛之后，**市场没**

— 119 —

有卖盘跟随，说明每次卖盘的努力都被市场吸收，然后价格恢复上涨。牛市的结束，我们需要看到供应和派发过程！

在这个牛市的发展过程中，我们没有发现天量新高出现（天量是指某一天出现天量，也可以是某一上涨波的累积成交量出现天量），说明市场没有抢购高潮。

蜡烛 3~4：价格急速下跌，同时成交量在递增。这是供应的初次进入。这时我们的预期是这个卖盘必须被买方吸收，否则牛市可能终止。蜡烛 4 出现反弹之后，市场进入震荡区，震荡区底部是冰线（支撑）。冰线位置是危险区，现在这个危险区是由主力机构护盘（因为他们要利用震荡区派发），一旦他们派发完毕，他们就不再保护这个支撑，导致价格迅速下跌。这个支撑的出现，告诉我们派发区间已经形成，我们可以画线，接下来就是利用供求关系看主力机构是如何实施派发计划的。

蜡烛 5~6：当价格上涨时，成交量随着价格上涨还在递减，说明买方的购买力（需求）还在继续消耗。蜡烛 6 的快速带量下挫，说明顶部供应非常强劲，已经超过了需求。然后价格回到支撑位置，强力反弹反映出两个现象，第一是 CM 在护盘；第二是公众还在抢购。

蜡烛 7~8：这个情况和蜡烛 5~6 相似。价格急涨后，成交量和蜡烛在阻力区立刻缩小，然后是带量下挫（蜡烛 8）。蜡烛 9~10 的是更严重的放量下挫，这是供应剧增的现象。如果这是 SOW，接下来的应该有低量回升来确认 SOW。蜡烛 11 确认了 SOW。蜡烛 7~8 之间有上冲回落，他们是不错的做空点。

突破冰线：蜡烛 9 这波暴跌，突破了冰线。突破冰线会带来大幅下跌，任何回测冰线都可能是做空的时机。蜡烛 12 回升并测试冰线，虽然成交量没有大幅减小，但是下一根的放量下挫说明供应以压倒一切的优势控制市场。

五、低位派发案例

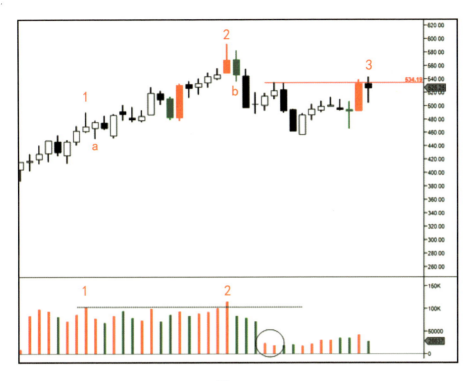

图 3-19

对牛市的直接警告是市面上股票供应的扩大。如图 3-19 所示，蜡烛 1 表示供应扩大，因为成交量剧增，并伴随上影线。这种供应是个提醒，不必惊慌。接下来它立刻被蜡烛 a 吸收，然后牛市继续。

牛市中出现的反转蜡烛，都可能是陷阱。一旦出现，我们要等两种情况来判断：第一，有没有跟随，也就是说市场股票投放量是否继续增加。第二，是否有新的需求立刻并吸收了这些卖盘。所以蜡烛 a 结束后，我们得到的一个信息是卖盘没有跟随并且被吸收。第三，是蜡烛 a 是牛市回调中出现的弹簧效应，属于终止行为，**这是个买入点**。

蜡烛 2 的情况和蜡烛 1 相似，只是成交量再次创新高。但是接下来蜡

烛 2 的增量卖盘没有出现被吸收的现象，反而出现卖盘的跟随，**这是个比
较严重的警告**。蜡烛 b 是对蜡烛 2 的卖盘跟随。它告诉我们市场尝试着恢
复牛市，但是供应的出现使这个尝试失败。b 之后出现非常明显的卖盘跟
随（长阴），但是成交量没有增加，说明这个下跌是没有需求造成的，供
应并没有扩大。每当市场应该做什么却没有做，这是个警告。蜡烛 b 后面
的下跌应该是供应扩大造成，但是成交量缩小说明供应没有扩大，我们对
这个下跌持怀疑态度。既然下跌时供应没有扩大，需求就有机会进入，把
价格抬起来。但是我们看接下来的回升，成交量和波动幅度都缩小，说明
需求也没上来，这种现象导致市场进入震荡区（双方相持阶段）。

　　如图 3-20 所示，这是图 3-19 的延续。蜡烛 3 前面的长阳说明买方尝
试恢复牛市，但是蜡烛没有跟随这个恢复努力，或者说买方的努力没有得
到结果，原因是供应扩大。我们看下面的走势。蜡烛 3 结束后，卖盘有跟
随，供应继续控制市场。接下来的带量长阴（绿色蜡烛）是 SOW，它突破
了冰线。然后 SOW 被后面的无量回升所证实。

图 3-20

六、这个案例，我们讨论市场自我否定行为

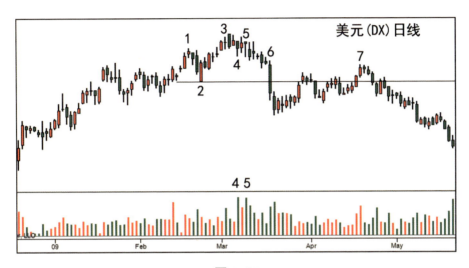

图 3-21

如图 3-21 所示，蜡烛 1~2 的下跌幅度和成交量有时增加，这是初始供应。然后没有出现我们常见的抢购高潮（长蜡烛配剧增的成交量）。蜡烛 3 出现供应扩大的现象，为什么？因为成交量猛增但是蜡烛很小，说明买方的努力很大但是没有看到价格上涨，这是供应增加导致。

我们这个图需要着重讨论的是蜡烛 4 和 5。蜡烛 4 是强力的弹簧效应，而且成交量剧增，说明需求非常强大，并完全吸收了来自蜡烛 3 的卖盘，说明市场准备好继续上涨并创新高。但是巨大的努力之下没有看到结果，因为蜡烛 4 之后没继续涨并创新高。蜡烛 5 的情况和蜡烛 4 类似。蜡烛 4 和 5 的两次巨大努力之后，价格没有任何进展。背后的原因只有一个：**供应强劲**，所有追高者的买单都无法恢复牛市。

市场到了这个时候，背景已经发生改变，供应的持续扩大已经终止了

牛市的发展。蜡烛 6 突破了冰线，这是 SOW。接下来的回升测试冰线的时候，缩小的蜡烛和成交量确认了 SOW，也确认了走强的熊市背景。蜡烛 7 测试冰线时形成可能的上冲回落，成交量再次剧增，但是价格却没有大幅上涨。这又是个努力没有结果，或者说价格在买方巨大努力下应该涨却没有涨。这个现象同样反映了供应的强劲。特别是后面一根的成交量立刻缩小，反映了需求已经耗尽。

七、头肩顶案例

头肩顶是大家都熟悉的走势反转图形。很多人说它失败率很高。事实上导致交易失败和图形没有任何关系，其中主要原因是价格背后的供求关系。约翰·迈吉曾经深度讨论过头肩顶的价格行为，我们这里用威科夫的方法再讨论一下这个图形。

- 左肩：就是我们上面说的初始供应。对左肩的要求是：我们必须看到价格回落的幅度和成交量都扩大。

- 头：是抢购高潮。要求是上涨中出现超长阳线和成交量。表明供应在扩大，正在完全满足公众的需求。从头部下跌时如果出现 SOW，那么接下来的右肩就是对 SOW 的确认，也是对派发的确认。

- 右肩：属于测试阶段。如果是二次测试，测试过程必须是小成交量和蜡烛，表明需求耗尽，从而确认牛市结束。从右肩下跌时，可能出现 SOW。或者当价格测试右肩的时候，出现上冲回落，表明供应强劲。

我们不能死记图形，应该在理解其背后供求关系。任何图形或者价量关系都是证明走势的理论根据的工具，我们不能只是以图形为依据交易。比如头肩顶，我们不能一看到头肩顶就马上认为趋势反转，因为趋势反转有自己的理论根据，无非是供应大举进入市场，而需求已经无法应付，导致供应主导市场。头肩顶的形成过程中如果确认上述理论成立，我们才能说趋势进入派发阶段，然后进入熊市。另外头肩顶的位置和间距不一定很完美地出现，就像初始供应、抢购高潮和二次测试不会完美出现一样。只要懂得了他们背后的含义，无论他们以何种面目出现，你都能灵活地使用它们。我们看个例子图3-22：

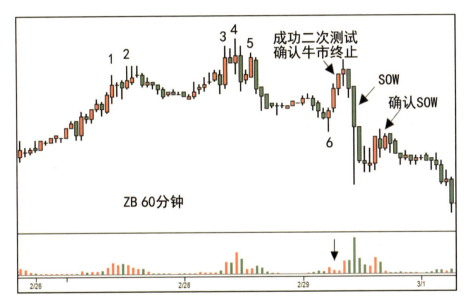

图 3-22

蜡烛1和2是成交量增加和上冲回落，说明初始供应出现。紧接着是蜡烛3和4的抢购高潮（放量新高）。蜡烛5是二次测试，没有高量测试说明测试成功，牛市可能终止。然后价格快速下跌。蜡烛6是个弹簧效应，足以看出抄底的很多。但是这个反弹因没有吸引到更多的需求（无量上涨）而失败。市场进行了再次测试，需求还是没有上来，再次说明牛市可能终结。接下来的SOW再次确认了供应的强劲。后面的无量回升确认了SOW的有效性。头肩顶不是每天都出现，一旦出现并符合上述要求，等于市场给了我们做空机会。

八、上冲回落的派发模式

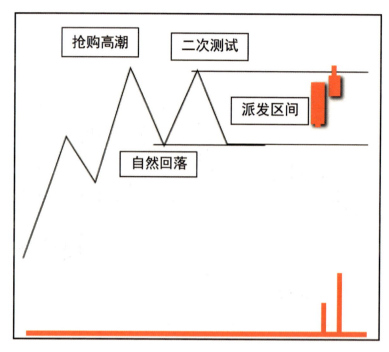

图 3-23

上冲回落的派发模式是比较特殊的一种，不是经常发生，但是一旦发生，是个很好的做空时机。如图 3-23 所示，牛市中出现了抢购高潮和自然回落，**二次测试确认表明牛市终止**，然后市场进开始形成震荡区。在震荡区右手边出现价格尝试突破阻力向上的现象。这个突破的特点是：蜡烛相对缩短，但是成交量大幅上升，然后 1~3 根之内价格又回到震荡区。这种现象告诉我们这个震荡区是派发，不是吸筹。如果牛市中没出现抢购高潮，上冲回落之后应该出现长阴下挫的现象（SOW），表明供应主导市场，然后的低量回升是对 SOW 的确认。我们看个美元期货日线的例子：

如下图 3-24 所示，蜡烛 1 是抢购高潮，然后是自然回落。经过低量二次测试之后，牛市接近终止。这里有两次二次测试：第一次是从自然回落反弹起来的，强力反弹告诉我们 CM 在为派发筑底。这次测试的成交量很大，不是理想的二次测试，也不是牛市终结的证据，市场需要再次测试。第二次测试是从 X 反弹起来的上涨波，这次上涨的成交量大幅递减，是成功的二次测试，证明牛市接近终止。观察从 Y 到 2 这一波上涨力度和成交量，这种猛烈上涨的势头应该让价格离开震荡区，但是缩小的蜡烛 2 说明供应进来阻止了价格上涨，这是个努力没有结果的例子。从蜡烛 2 开始的上冲回落属于最后的派发测试阶段，它确认了左面的行为是派发行情。接下来 SOW 的出现，确认了上冲回落。如果做空，进场点应该在测试 SOW 的回升中。这个回升的特点是小蜡烛和大幅缩小的成交量，确认了 SOW 的有效性，也是需求耗尽的体现。

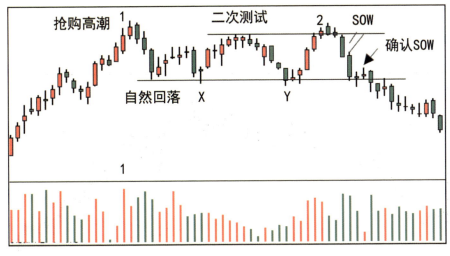

图 3-24

九、派发和破冰案例（一）

判断市场是否到顶以及在哪里开始做空，有几个步骤：首先判断牛市结束，其次判断供应增强和需求耗尽，再次确认派发已经发生。判断牛市接近终止，主要是看需求是否开始减弱。这里我们先用趋势线的方法判断趋势的变化。我们使用的方法是 50% 原则和突破幅度减小。如图 3-25 所示，XE 是牛市通道，其中 Y 的回调没有超过前面上坡的 50%，说明接下来牛市继续，这是买入时机，同理 B 和 D 也是买入时机。我们看上升过程中的突破前面高点的幅度在缩小，在图上已经标出。尤其是 C 和 E 之间的突破幅度几乎为零。导致这种价格没有进展的原因或者是需求已经在减少，或者是供应的增强并超过了需求。总之，这种现象出现之后，大家要小心，因为供求关系起了变化。接下来我们开始研究其他市场行为是否也出现了牛市疲惫的现象。

我们看趋势通道。从 B 起来的上涨已经无法到达超买线，甚至无法超越中间线，说明价格已经无法正常上涨，或者说上涨乏力，这种压力来自于供应或者需求减少。C 之前出现了价格带量上涨失败的情况，这更说明了供应在扩大，我们可以称之为初次供应。同理 AB 的下跌产生了 15.5 万手，这波下跌的成交量高于以前的下坡成交量，也是初次供应。

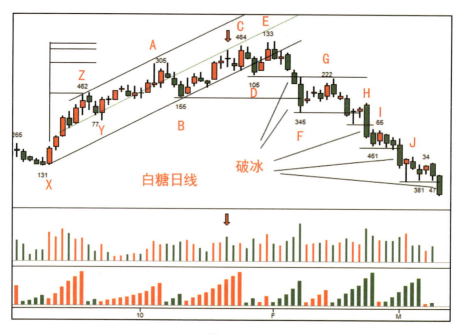

图 3-25

这里简单说一下风控，如果我们在 D 买入，我们的根据是牛市回调，我们买入的期待是需求持续大于供应，价格继续创新高。E 到达 C 的供应区后，市场供应再次扩大，这个可以从 E 的放量上影线看出。因为 C 属于供应区（阻力区），当价格恢复上涨到这个阻力区的时候，需求应该扩大并战胜供应（应该增量突破阻力创新高），这是牛市恢复的证据，也是我们持仓需要看到的市场行为。但是我们看 E 后面的蜡烛，没有上涨的跟随，说明需求已经耗尽，如果此时需求依然很大的话，我们应该看到增量阳线，或者回调立刻缩量的现象。再看累积成交量，BC 这波成交量巨大，而 DE 波的累积成交量已经稀少，这也证明了需求的耗尽。

现在我们从派发过程的角度研究行情。BC 这波，从普通成交量上看，没有出现抢购高潮的行为。但是从波形成交量上看，这个上坡产生了46.4万手的成交量，但是 AC 之间的突破幅度却远远小于前面 ZA 之间的突破幅度，这是努力没有结果，导致这种现象的真正原因是供应在剧增，或者说 CM 开始大举出货。我们可以把 BC 当做抢购高潮。CD 是自然回落，DE 是二次测试，DE 的成交量只有 13.3 万手，同前面 46.6 万手，已经大幅减小，说明需求耗尽，确认了牛市结束。

EF 的大幅下跌是 SOW，它有几个特点：第一，这个下跌产生了34.5万手的成交量，是上涨以来最大的下坡成交量，这体现了非常强大的供应，同时 EF 强烈地突破了支撑线，说明供应彻底超过了需求。SOW 确认了 CM 在派发，也表明派发接近尾声。接下来我们需要市场对 SOW 确认。FG 是对 SOW 的测试，只有 22.2 万手的反弹没能突破冰线，确认了 SOW 的有效性。至此市场进入熊市。这里的做空点主要是破冰后的无需求回测，它们是 E、G、H、I、J。

十、派发和破冰案例（二）

判断这次牛市受打压，我们同样用50%原则和突破幅度减小的方法。

我们知道当回调超过 50% 的时候，行情看跌；当回调不到 50% 的时候，行情看涨。这种方法要和其他市场行为结合才有效。

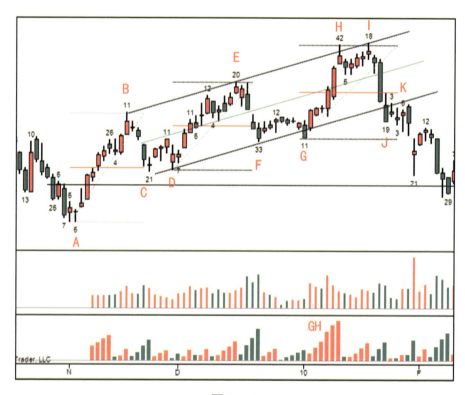

图 3-26

如图 3-26 所示，大背景是牛市。BC 的回调不到 AB 的 50%，这是牛市特征，可以进场买入。EF 的回调开始超过 DE 的 50%，而且突破 50% 的成交量扩大，这是初次供应。IJ 的回调就完全清楚地超过 50%，说明供应已经严重超过需求。

GH 的急涨以及扩大的成交量，是抢购高潮，这一点我们从波形成交量看得更清晰。这一波的抢购达到 4200 万手，这种现象告诉我们牛市即将到顶。I 是二次测试，但是仅仅带来 1800 万手成交量，远远小于抢购高潮时的 4200 万手，说明需求耗尽。二次测试的成功确认了牛市的结束。

I 后面的长阴是 SOW，J 是跟随，并突破了支撑线，IJ 这波是供应完全超过需求的现象。J 到 K 的无力回涨是对 SOW 的确认，从此市场正式进入熊市。

第五节　总结

本章介绍了派发的过程和需要遵循的原则。我们描述了派发中的各种市场行为，以及它们产生的后果。在分析案例过程中，我们特别介绍了突破幅度缩短（SOT）。SOT 在以后的分析中经常出现，它是一个非常实用的停止行为，特别是在区间交易的时候，如果在支撑或阻力出现 SOT，说明当前趋势可能停止。

我们在本章讲解了如何识别和确认牛市的终止和熊市的开始。这对风险控制有着至关重要的作用。仔细阅读本章内容，你会避免买在顶部的情况出现。即使你买在了顶部，通过对派发过程的掌握，你也能及时纠正错误。在分析中，我们也谈及在派发过程中建立空仓的位置。我们强调，任何震荡区出现的时候，我们要耐心等价格走到右手边并出现 SOW 或 SOS 时候，我们才能考虑进场，进场的位置在 SOW 或 SOS 的测试当中。一般下跌的速度要快于上升的速度，所以做空的利润来到更快些。

如果想练习，多找些图，然后观察派发的过程和其中的市场行为，找出牛市结束的位置和熊市开始位置，并且锁定出逃和做空的位置。

微信扫码添加舵手图书知识陪伴官
获取更多增值服务资料

第四章　弹簧效应（Spring）交易法

第一节　什么是 Spring

弹簧效应来自于英文 Spring，也叫下冲反弹，我们在以后的讨论中，经常使用它的英文 Spring。它是威科夫先生的学生伊文思先生根据威科夫理论总结出来的。从字面上理解是我们把弹簧压下去再松开，如果这是个有力量的弹簧，它会跳得很高。反之如果这个弹簧无力，当你松开手时，它跳起的高度很小。在股票市场也一样，价格在震荡区内波动时，它有时会尝试离开震荡区，或者向上突破，或者向下突破。当价格尝试向下突破支撑的时候，如果支撑上的需求全部吸收并超过了供应，导致反弹，这就是市场上的 Spring。每当价格尝试突破支撑的时候，不管将来成功与否，我们首先认为价格会出现 Spring，衡量突破和反弹的供求关系是决定价格方向的关键。

如果给 Spring 一个定义的话，就是价格迅速突破支撑，然后迅速返回支撑上方，它本身是个下跌走势的停止行为。CM 制造 Spring 的目的是收购公众手中因恐慌而抛售的股票，另外一个目的是看支撑附近是否存在大量卖单，这些卖单被需求吸收的结果是出现 Spring。如果支撑附近存在大量卖单（突破的时候成交量很大），这种 Spring 需要二次测试，目的是在二次测试中观察流入市场的卖单是否稀少，如果是，价格开始上涨。接下来是 Spring 的一个重要意义，也是风控的一个重要方法。Spring 出现后，我们从价量关系上得出需求大于供应的结论，于是我们在 Spring 买入股票。如果这种供不应求的背景持续发展，说明我们的进场时机是正确的，同时利润随之上涨。但是，如果 Spring 之后的走势不是供不应求的走法，而是再次遇到了强大的供应，这是市场行为对我们进场时机的否定，此时应该当机立断离场，同时仔细观察这个新的供应是昙花一现还是引起市场新的清仓局面。当今美国威科夫专家大卫·威斯先生曾经说过，懂得使用 Spring 和 UT（上冲回落）可以让我们以交易为生。

在上升趋势中，我们经常在回调时看到 Spring，那是市场送给我们的交易机会，千万别放过。图 4-1 是上升趋势中出现的 Spring。我们看价格的回调形成小的震荡区间交易，区间的底部支撑位置就是 Spring 发生的地方。

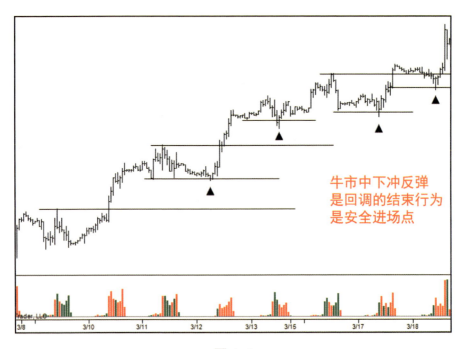

牛市中下冲反弹
是回调的结束行为
是安全进场点

图 4-1

如图 4-1 所示，小幅突破支撑的 Spring 引起上涨的概率更大些。如果突破幅度较大，伴随量增，Spring 需要二次测试确认。另外 Spring 一般持续 1~3 根蜡烛，就是说，价格突破支撑后，1~3 根蜡烛之内，价格要回到支撑之上。我们最应该关注的 Spring 应该在牛市回调过程中，因为牛市是供不应求，当需求开始减弱的时候，一些公众的出场导致价格回调，Spring 是回调结束和牛市恢复的信号。千万不要在熊市中找 Spring！

牛市中，CM 尽可能让公众待在场外，以便在出货的时候使用。另外，CM 想通过 Spring 知道需求是否还在控制市场，如果是，在需求全部吸收供应之后，价格会涨。总之，Spring 的目的是评估突破过程中供应的数量，以及这些供应是否被全部吸收。它最直观的意义是调整结束，牛市继续；或者区间交易结束，价格上扬。如果没有达到牛市继续的目的，或者价格上涨半途而废，说明 Spring 行为失败，这个失败对牛市的结束有重大意义。

第二节　Spring 的位置和种类

一、Spring 的位置

1. 在牛市中的震荡区底部。上升趋势中，有时价格回调并形成震荡区。Spring 的出现表明震荡区结束，牛市恢复。如果是无量小蜡烛的弹簧，我们可以直接进场。

2. JOC 之后，价格回测突破点的时候出现 Spring。

3. 价格在回测垂直需求柱底部的时候出现 Spring。

4. 在吸筹阶段接近尾声的时候。CM 想利用它制造恐惧情绪，然后从公众手中收购便宜股票。如果说 Spring 出现之后，市场出现了 SOS，说明吸筹结束，牛市开始。我们可以在测试 SOS 的价格回落中进场。

5. 在熊市中出现。这种情况容易吸引到抄底者。**熊市中 Spring 是陷阱，不能进场**。

6. 如果在牛市中，连续出现失败的 Spring，说明市场行为有变化，这是个预警信号。

二、Spring 的种类

按照突破支撑的力度和成交量，我们把 Spring 分为三种。看图 4-2：

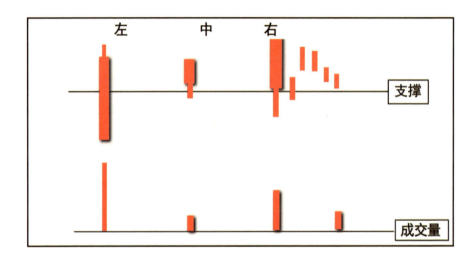

图 4-2

1. 最左边的一种：它突破支撑时，蜡烛和成交量都很大，这是支撑附近存在大量卖单（供应）的特征，需求没有能力全部吸收。这种突破不是我们需要的 Spring，价格会继续下跌去寻找需求。这种情况经常发生在熊市，不能抄底，耐心等待接下来的二次测试。这种 Spring 发生在吸筹阶段的右手边，叫作震仓。

2. 中间的一种：这是最好的 Spring，可直接进场。从形状可以看出，它突破支撑时，蜡烛和成交量都大幅缩小，说明价格向下突破时缺乏供应

（如果这里有供应，结果是左面的那种 Spring），这种情况下，需求会积极进入并超过 Spring，导致价格上涨。

3. 最右边的一种：它突破支撑时，蜡烛和成交量略微扩大，说明突破时有供应在，但是这个供应还不足以压垮需求，需求要想把价格抬起来，还需要更多的力量。这种情况下，我们要耐心等待二次测试。我们希望在二次测试过程中，蜡烛和成交量都非常小，表明供应已经耗尽，我们可以在这个时候进场。但是如果二次测试依然是高成交量和长蜡烛，我们不能进场，因为供应还没有耗尽。有一个例外，就是成交量扩大，但是收盘在中点之上。这种情况如果在牛市中，可以直接进场。

4. 第三种衍生出一种 Spring 是成功的，特点是，突破支撑时成交量扩大，蜡烛不能是超长蜡烛，蜡烛越小越好，但必须是收在 50% 之上的下影线。它们背后的含义是这样的：收在 50% 之上说明需求大于供应，和阳线性质一样，高成交量说明卖方的努力（扩大的卖盘）被需求化解并吸收，所以这个高成交量实际代表的是强劲需求。

5. 还有一种是 Spring 失败。当我们确定突破形成第 2 种或者第 3 种 Spring 的时候，如果反弹没有出现价格持续上涨和成交量随价格上涨递增的情况，说明反弹失败。另外，这个无力的弹簧会导致价格突破支撑后继续下跌。这种情况经常发生在熊市中或者有强劲供应的背景中。

第三节　Spring 案例

一、上升中的 Spring

在牛市回调中，行情进入区间交易。蜡烛 X 是大量买单流入市场，并超过了卖单，导致强烈反弹。这种强势需求试图冲破阻力，准备好恢复牛市，但是蜡烛 Y 说明需求没有跟上，导致价格回到震荡区。蜡烛 1

是 Spring，它试图突破支撑，但是蜡烛和成交量都很小，说明支撑位置的供应耗尽。这里要关注一下 Y 到 1 的过程，这种小碎步低成交量式的下跌反映出的市场内涵是：第一，没有供应扩大现象，因为供应扩大会造成长阴增量下跌；第二，既然这个下跌不是由于供应扩大造成，说明下跌没有力度，不会持续很久。但是这个下跌的原因到底是什么？是市场没有需求，或者说没人接盘，没有需求的下跌只要遇到需求就会停止。X 的底部有大量买单入市，在这个价位需求很强劲，产生了支撑，当价格再次回到这里的时候，我们期待需求依然保持力度，蜡烛 1 的 Spring 是个需求恢复的信号。在市场上，凡是供应耗尽的时候，需求都会积极进场。聪明钱深知这个道理，他们看到这种情况，不会有任何犹豫地扣动扳机。在他们的交易计划中，凡是进场做多后，他们必须看到价格伴随成交量持续上涨，并且在上涨过程中不能遇到强大的供应。如果看不到这种情况，他们会离场。

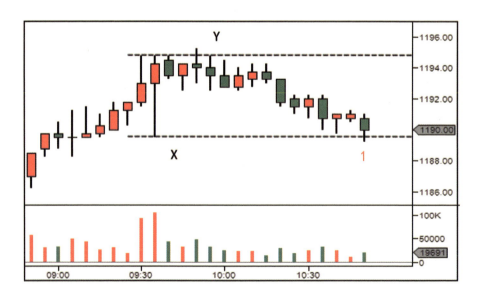

图 4-3

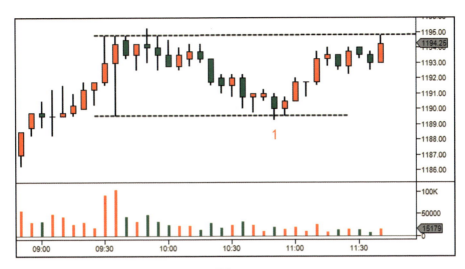

图 4-4

　　Spring 之后（如图 4-4 所示），价格稳定上涨，说明需求保持强劲。虽然成交量没有明显增长，但是从不断出现的阳线上，我们知道成交量小，**是缺乏供应所致，不是因为需求减弱。**这个 Spring 是否失败还在于它能否把价格带出震荡区。

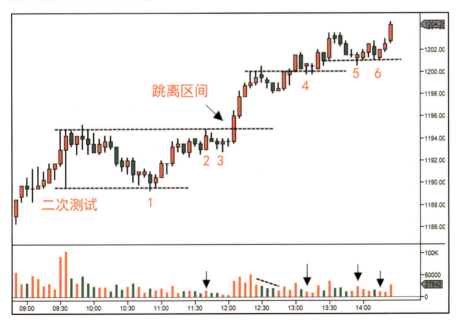

图 4-5

我们看接下来的行情，如图 4-5 所示，蜡烛 2 结束了小型盘整行情，回到了阻力区。然后价格回调到 3，这是非常漂亮的无供应回调，是不错的进场点，因为其回调成交量和蜡烛非常小。这种情况在威科夫理论中叫作弹跳板，意思是说市场已经准备好起跳，这之后价格出现了 JOC（跳离震荡区）。

蜡烛 4 是上升趋势中的 Spring，非常安全的进场点，因为这个 Spring 是小蜡烛伴随小成交量，说明市场临时产生的卖单已经耗尽，上涨马上恢复。蜡烛 5 的情况同蜡烛 4 相同，也是 Spring，但是成交量相对上升。对于成交量相对上涨的 Spring，我们需要二次测试来确定供应耗尽，蜡烛 6 是 Spring 的二次测试，无量说明测试成功。

在 JOC 进场属于追高。追高是情绪化的产物，而 Spring 是经过对供求关系的分析，并得到了价格可能离开区间而开始大幅上涨的信号。

牛市中，我们经常看到价格强劲突破前高之后，然后回调形成区间交易。当价格突破这个区间的底部（支撑），有可能出现 Spring。但是有时冲底的时候成交量很大，说明有供应存在，面对这种情况，聪明钱耐心等待二次测试。

二、JOC 的回测出现 Spring

我们看欧元期货 6E 的小时图（20106 月中旬）。如图 4-6 所示，价格跳离区间（JOC）后，开始区间交易。蜡烛 1 是 Spring，说明卖方没有跟随，需求强势吸收了卖盘，但是成交量非常大，而且蜡烛较大，说明供应没有耗尽，这里不是最好的进场时机。蜡烛 2 是 Spring 的二次测试，这次测试成功（没有大量卖单存在），因为测试过程中成交量非常小，可以在这里进场。这种情况下的进场往往让公众紧张，紧张的原因他们没看到上涨。好的交易机会是和公众的心理相矛盾的，公众喜欢看到上涨中的上涨，比如买突破。但是 CM 往往利用突破来吸引并锁住公众（UT：上冲回落），这就是我们经常说的突破失败。下面是 Spring 之后的走势：

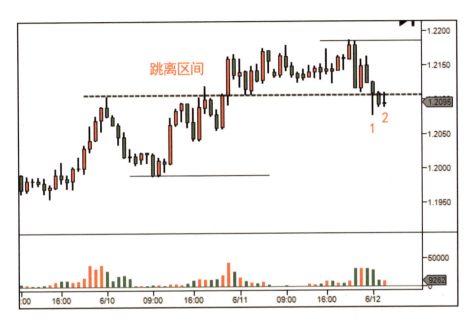

图 4-6

图 4-7

如图 4-7 所示，Spring 之后，价格持续回升，并连续创新高。当价格回落到蜡烛 3 的时候，又出现一个 Spring，成交量比较小，预示需求会再次把价格推高，我们在这里进场。蜡烛 3 的 Spring 之后的两根 K 线是对进场的否定，这个 Spring 反弹没有吸引到大量买单入场（无需求反弹），它宣布 Spring 失败，或者说支撑已经无效，支撑上的无需求反弹会导致价格会突破支撑并继续走低，我们一旦看到反弹后没有出现跟随，应该离场。

三、熊市中出现 Spring

在熊市中，Spring 是陷阱，也是无数抄底勇士的噩梦。公众经常不看市场大背景，喜欢找反弹信号，然后盲目抄底。在熊市背景里，供应大于需求，如果反弹没有出现需求，那么这个反弹没有能力使熊市终止。

图 4-8

图 4-8 是美元期货 2010 年 6 月的小时图。图中蜡烛 1 突破支撑，形成 Spring。从小成交量和小蜡烛来看，这是个不错的 Spring，同时价格也回到了前期的支撑位置。假如在蜡烛 1 进场后期待回升。但是反弹后极低的成交量说明根本没有需求进来（没吸引到买单）。目前大背景是熊市，需求

扩大是唯一能截住熊市的力量。反弹没有需求进入，价格自然会继续向下寻找需求，如图 4-9 所示，价格突破支撑后继续下行。**熊市中不能用 Spring 作为进场工具，抢反弹是公众行为，不是聪明钱的行为。**

图 4-9

四、吸筹中的 Spring 测试

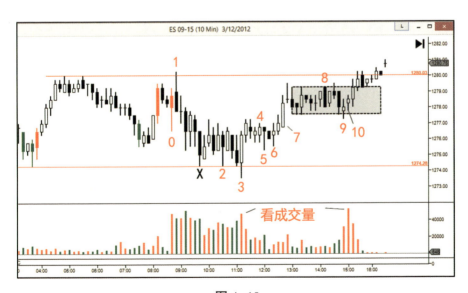

图 4-10

1 号蜡烛：这是 UT（上冲回落），它告诉我们供应战胜需求，UT 属于上涨的停止行为。从价量形态上看是高量配合长阴，如果要进场，可以此时做空，止损放在顶部高一个点的位置，第一目标在下方支撑位置。这里要详细解释一下市场的自身行为，或者说当时的盘感。0 号蜡烛之前的两个蜡烛是强反弹后的小幅回调，小幅回调说明价格的回落没有大量卖单参与，预示下一波还要涨。0 号蜡烛是个强有力的需求柱，它在延续上涨行情，这个蜡烛也是 Spring 柱，是需求大于供应的表现，高量说明买家尽了极大的努力；但是 1 号蜡烛的供应扩大现象说明前面的努力没有得到结果。本来买家付出努力（0 号反弹），希望涨幅继续，但是价格在新高位置遇到了强大供应。市场的背景出现了变化，如果此时你是买方，看到这个背景，立刻出场。

2 号蜡烛：蜡烛 X 触底，高量告诉我们支撑上卖单的市场流入量很大，特别是反弹后继续遇到高抛，说明供应强劲，至于支持是否挺得住，要看二次测试。蜡烛 2 是二次测试，也是 Spring，是市场买单流入量超过卖单所致，但是在支撑上成交量依然高，这不是理想的 Spring，我们还需要二次测试，直到看到供应稀少。另外蜡烛 2 的强反弹努力没有产生结果，因为虽然成交量没有减少，但是价格没有新高。在这种情况下，价格需要再次探底去刺激新的需求进场，于是出现了蜡烛 3。

3 号蜡烛：这是区间底部的 Spring，是需求剧增的形态。它有三个特点：第一，成交量大，供需都在增加；第二，超长蜡烛说明交易活跃；第三，收于顶部，需求获胜。这些现象告诉我们，价格在区间底部再次遇到强大需求。这种 Spring 我们可以称之为小型震仓，因为波动幅度和成交量都大幅增长。这里可以抄底，因为目前需求占上风，但是最好的进场是继续等待一个低量的二次测试。这波反弹后的回调最明显的特点是**成交量骤减**，说明市场存在的供应已经稀少（价格回落过程中没有大量卖单涌入），这是行情继续看涨的路标。

5 号蜡烛：这个是前面小型震仓的测试，是我们要等的进场点，因为成交量大幅缩小（相比于蜡烛 3），高收盘告诉我们需求强劲。

6 号蜡烛：又一个反弹型测试，需求（买家）在底部接盘，需求依然很大，是一个好的进场点。

7 号蜡烛：这是 JOC/SOS，它也是垂直需求柱。这根蜡烛结束后，上升趋势的准备过程结束，行情正式进入牛市。

8 号蜡烛：JOC 之后行情进入区间交易。这是个难点，因为在区间内是 CM 做手脚的地方，公众经常在这里亏损，但是如果有了识别供求关系的能力，判断方向并不难。蜡烛 8 是个相对很强的阴线，也可以说是在区间顶部有卖盘出现，这就给人一种感觉，就是市场将会反转，吸引人们做空或者买方离场。但是接下来一根蜡烛非常重要，它是把蜡烛 8 的威胁给化解了，换句话说就是这个卖盘没有吸引到空头的跟随，反而被买盘立刻吸收。接下来又出现一根长阴线，这个蜡烛更具有威胁性，因为成交量突然增长，这明显是大量供应出现。但是蜡烛 9 还是没有跟随，公众对下跌没有兴趣，任何卖盘都被底部的需求吸收，通过这两个威胁行为的失败，我们得出结论，需求还在控制市场，上涨趋势没有改变，这个小盘整是上涨前的一个再吸筹。

9 号蜡烛：这个是非常关键的 Spring，它确认了目前的小盘整是再吸筹，不是派发，或者说它给了市场恢复上涨的指明灯。蜡烛 9 的另一个重要意义是下跌的终止行为，因成交量大幅增长说明突破吸引了大量卖单（或者支撑上存在大量卖单），这是卖方的一种努力行为，但是相对于前面一根长阴，蜡烛 9 缩小了很多，这说明卖方的巨大努力没有得到相应的结果，其原因是需求强劲并吸收了所有卖盘。这里有个观察供需强弱的小窍门，就拿目前的行情为例，蜡烛 9 之后是阳线，说明需求在吸收了供应之后有剩余，或者说需求过剩。我们知道蜡烛 9 是下跌的终止行为，如果蜡烛 9 之后不是阳线，而是继续下跌，说明需求不够吸收供应，而使得供应有了剩余，或者说供应过剩（导致蜡烛 9 之后价格下跌）。

10 号蜡烛：这是需求过剩的表示，是对 9 号所给出方向的确认，牛市跟随的形态是更高的高点，更高的低点，更高的收盘价。

图 4–11 是后来的走势，价格突破后又形成区间交易，区间底部出现了 Spring（箭头处），可以在这里买入。我们看蓝色箭头所指的急速上涨（趋势角度变陡表明急速上涨），市场可能出现抢购高潮，这是派发的前奏，有风控方案的，这里要准备执行。如何识别急速上涨是正常上涨还是抢购高潮，这里有个小窍门：关键看这个上涨是否突破了一个重要阻力，如果是，说明这是正常上涨。如果价格在空中出现急速上涨，没有通过任何阻力，这是抢购高潮。

图 4–11

五、吸筹阶段的 Spring

从图 4-12 的左边开始，首先看 0 到 1 之间的小区间，其中 0 号柱已经给出卖盘提示，因为新高是上影线，伴随成交量扩大，说明价格的上涨遇到了卖盘，供应初次出现。另外观察这个小区间里面的收盘价，非常相近，这种情况常常表示市场正在孕育着一波大行情，且这种状态经常以上冲回落或者 Spring 结束，看到这些，我们就要提前开始准备交易计划。

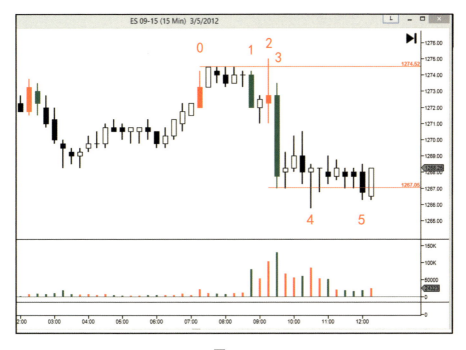

图 4-12

1 号蜡烛：这是卖盘增加，也是背景改变的信号，因为它在震荡区右手边出现放量长阴。右手边说明市场震荡区到了决定方向的时候了。长阴、新低和放量说明流入市场的卖单大幅增加。到此为止，我们的计划是在卖盘充斥市场的背景下，如果价格再次冲高，需要确认是否再次有卖盘出现，如果是，立刻进场做空。同时，你如果有多头仓位，应该开始离场出逃（因为背景开始改变了）。

2 号蜡烛：这是 UT（上冲回落）需求试图冲高遇到大量供应，此时供应完全大于需求。这种背景下，做空是唯一选择，止损在蜡烛高一个点的位置。上冲回落结束了震荡区交易。

3 号蜡烛：这是卖盘的跟随和 SOW，供应大举进入市场。这个蜡烛叫作垂直降价柱，它的作用包括：

- 阻力位画线：它的高点是主要供应区，如果价格回涨，这个高点是目标位，也是做空进场点。

- **这个高点如果被强力需求柱突破，市场恢复牛市。**

4 号蜡烛：这是 Spring，但是在卖盘控制的背景下，Spring 是陷阱，不能抄底。蜡烛 3 以后的小幅自然回调，成交非常清淡，没有需求进入，告诉我们市场还有一跌。蜡烛 4 之后的反弹告诉我们需求没有进入市场，此时市场再次进入震荡区，我们说过，震荡区结束的标志是 SOW 或者 SOS，没出现之前，耐心等候。

5 号蜡烛：这是对 Spring 的测试，这次测试低成交量告诉我们供应耗尽，说明蜡烛 3 底部的支撑依然有效。如果单独看蜡烛 2 之后的走势，我们可以把最后的震荡区当成吸筹。蜡烛 4 是超卖高潮，蜡烛 5 是成功的二次测试，标志着下跌暂时结束，接下来我们需要供应测试来确认市场在吸筹。供应测试包括震仓和 JOC，在没有出现测试行为之前，耐心等待。

六、Spring 失败案例

Spring 能否成功和背景有关。如果背景中有大的卖盘出现，而且没有强大的需求把卖盘吸收。这种背景下的 Spring 会失败。如图 4-13 所示：图中最右边价格突破了震荡区的支撑，形成了可能的 Spring。现在我们分析一下它的质量。

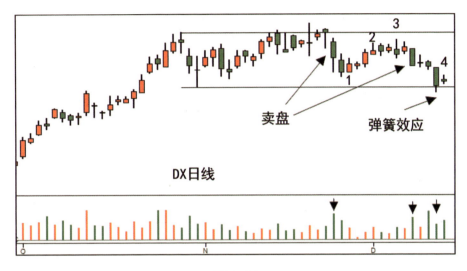

图 4-13

背景中有两个阴线的成交量很大，告诉我们市场背景是卖盘控制，这是 Spring 失败的前提。从蜡烛 1 到蜡烛 2 的上升，缩小的蜡烛和成交量说明没有需求进场。蜡烛 3 再次尝试向上突破失败说明供应大于需求。既然没有需求进场，市场的背景依然是卖盘控制。

现在分析一下突破支撑的 Spring。它的成交量大幅缩小（相对于前一天），但是价格的下跌幅度很大。我们做个假设：如果这个强力下跌是供应所致，成交量应该是增加的。成交量没有增加，说明这个下跌不是供应所致。既然没有供应，需求应该在这个价位积极进入并导致上涨，蜡烛应该收成阳线或者下影线。但是价格收成阴线，说明需求应该出现却没有出现，蜡烛 4 更证明了这点（反弹成交量增加，但是价格没有进展）。综上所述，在有卖盘的背景下，在支撑没有需求力挺，价格会突破支撑继续下跌。**请记住并理解以上分析，这对你用供求关系解读细节非常重要。**

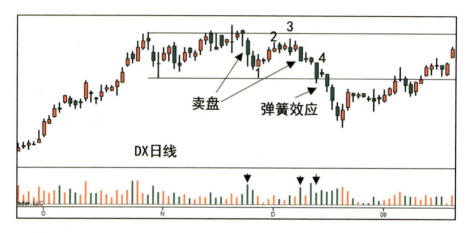

图 4-14

七、窄幅盘整的 Spring

如图 4-15 所示，牛市中出现了窄幅盘整，按照常规，市场经过窄幅盘整之后，只要没有出现大量卖单，价格应该继续上涨。蜡烛 1 在盘整底部出现了 Spring。我们知道牛市中成功的 Spring 之后，应该有大量买盘，使价格上涨（表现为连续升高的高点、低点、收盘价和成交量）。蜡烛 2 是大量卖盘进入市场，说明 Spring 没有吸引到大量买家，导致大量卖单进入市场，市场的背景从蜡烛 2 开始进入卖盘控制的背景。Spring **失败是对牛市的警告。** 如果你认为这是牛市回调，还想继续买入，应该等新的需求上来吸收掉蜡烛 2 的卖盘（至少要等到价格突破蜡烛 2 的顶部，因为那里有大量高抛的卖单，属于供应区和阻力价位）。

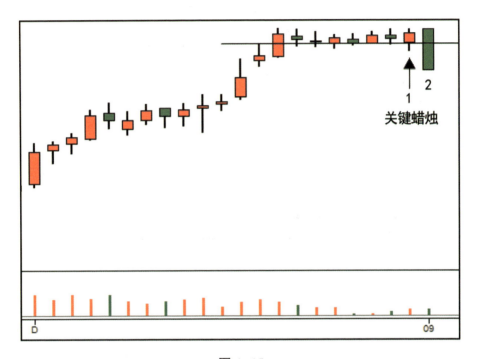

图 4-15

　　图 4-16 是后来的走势，蜡烛 3 是回测 JOC 的突破点，这里应该是个进场点，特别是蜡烛 3 在支撑出现了 Spring 和终止行为（大量卖单流入，但是下跌没有进展，这是努力没产生结果，从图上看是高量对应小蜡烛）。按照计划，我们在蜡烛 3 进场买入，止损放在比 JOC 蜡烛底部低 2 个点的位置。我们认为这里是需求战胜供应的地方。我们的危机管理是这样的：一旦这个 Spring 没有出现跟随，说明需求没有能力吸收全部的供应，这可能导致供应会积极进入并压低价格。蜡烛 3 后面一天与蜡烛 3 一样，是终止行为（需求吸收全部供应造成下跌停止）。蜡烛 4 是需求持续，市场已经准备好上涨。

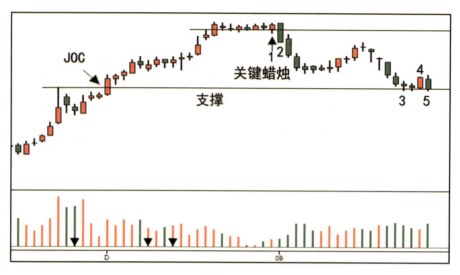

图 4-16

蝶烛5的低收盘立刻拒绝了反弹，特别是这根阴线的成交量大幅升高，说明了市场上的供应剧增。这种现象不是我们所期待的，我们或者等待价格触发止损，或者立刻离场。这个案例再次提醒我们，在卖盘控制的市场背景下，抢反弹经常失败。

如图4-17所示，蝶烛5之后有卖盘跟随，后市下跌。

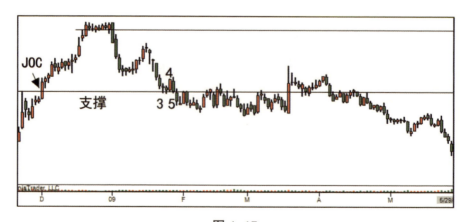

图 4-17

八、卖盘背景下的 Spring 会失败

如图 4-18 所示，底部吸筹过程结束之后，市场背景是牛市。JOC 之后，市场急速上涨中，遇到大量高抛卖盘以及跟随，导致价格开始回落。在回落过程中，卖盘的力量依然大于买盘（这个可以从回弹的低量和无力看出）。在回测 JOC 时，蜡烛 1 是个不错的反弹（支撑上的增量下影线）。但是接下来的上涨没有巩固这个反弹，因为虽然成交量在递增，但是价格无法稳固在高点，这说明卖单的流量依然很大（很多人在趁着反弹高抛）。蜡烛 3 是供应战胜需求，这是前面的无力反弹所致。蜡烛 4 突破支撑，Spring 可能产生。但是蜡烛 4 突破过程中的成交量继续扩大。这种情况下有两个选择：第一，不进场。第二，如果蜡烛 4 是震仓，等待二次测试（如果价格从这里反弹后再次回落时，成交量和蜡烛都缩小，我们可以考虑进场）。

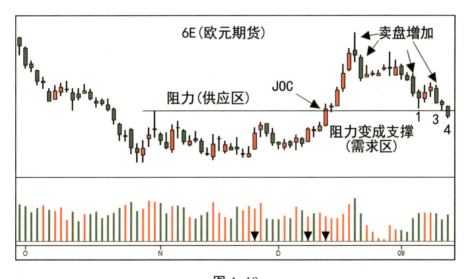

图 4-18

图 4-19 是行情接下来的发展，蜡烛 5 尝试反弹，但是缩小的成交量

告诉我们没有需求，导致蜡烛 6 放量下挫。因此我们放弃了进场计划。

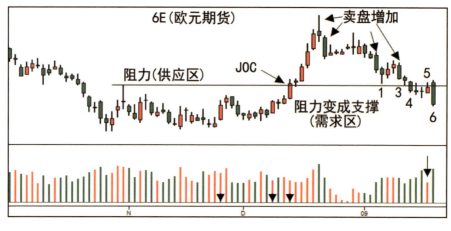

图 4-19

九、熊市背景下的 Spring

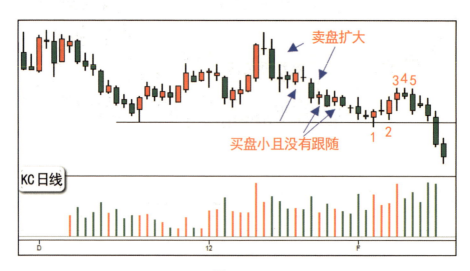

图 4-20

如图4-20，市场背景是卖盘控制。蜡烛1的观察顺序是：突破了支撑可能产生Spring，突破中出现大量卖单（高成交量），说明这不是个理想的Spring，需要二次测试来确认供应稀少。高收盘说明需求吸收了突破过程中的大量卖单，导致反弹。

蜡烛2是Spring的跟随，因为它收于高位，成交量剧增说明反弹已经吸引了大量买盘。蜡烛3的过程是这样的：开盘后价格下探，然后大量买盘涌入把价格推向高位，这样剧增的买盘应该把价格推得更高，但是突破幅度不大，上涨遇到了供应。

蜡烛4的出现让蜡烛3涌入的买家大失所望，它的价格没有任何进展，缩小的成交量说明买家的参与热情减小。3和4两天的收盘相近说明他们在相同地区遇到了供应，导致蜡烛4没有跟随（它本应该继续完成蜡烛3没完成的任务）。蜡烛3和4遇到的供应在蜡烛5得到了释放，它的放量下挫确认了供应还在占上风。

十、震仓是特殊的 Spring

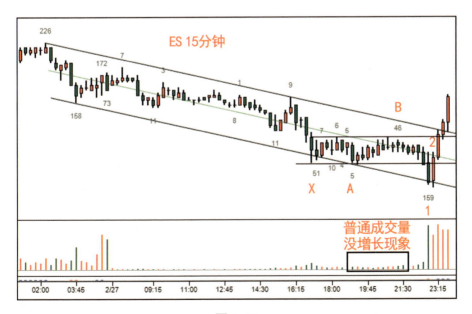

图 4-21

我们先从趋势线角度判断方向。蜡烛 X 突破超卖线因遇到强大的需求而反弹，这是恐慌抛售（看这波的下跌速度），可能导致市场进入吸筹阶段。A 是成功的二次测试，因为成交量远远小于恐慌抛售（5.1 万手对应 5000 手）。二次测试的成功说明熊市可能终止。二次测试之后，价格进入震荡区，这个震荡区是否处于吸筹阶段，我们要耐心等待供应测试的出现，供应测试包括 3 个价格行为：底部的震仓、Spring 以及顶部的 JOC。蜡烛 1 是震仓，它有如下意义：第一，长蜡烛配合天量快速突破支撑，说明 CM 通过价格猛烈下探迫使公众出局，蜡烛 2 的迅速反弹确认了震仓，说明需求不但全部吸收了卖单，而且大量过剩的需求使价格迅速反弹。第二，蜡烛 1 突破超卖线也是引起反弹的一个因素。震仓表明吸筹阶段结束，价格准备进入上涨阶段。这种震仓和 Spring 有同样的目的（迫使公众产生极大的恐慌，CM 乘机全部吸收他们的卖盘）。

从波形成交量角度考虑，AB 的成交量是 4.6 万手，是下跌以来的比较大的量增，我们可以理解为市场的行为改变，但是这个量增没有把价格推高，说明需求缺乏能量以及浮动供应量依然大，这种情况下，往往因为价格会再次下探去寻找更大的需求，或者 CM 为了清除浮动供应而采取 Spring 或震仓策略。另外如果从普通成交量上判断。B 到 1 这波产生 15.9 万手，这么大卖盘被蜡烛 2 立刻拒绝，足以说明供应遇到了强大的需求，价格突破震荡区在即。

第四节　使用 Spring，应该注意以下几点

- Spring 不是每天都有，没有出现，不要刻意去制造 Spring，等待也是一种交易策略。但是一旦出现符合条件的 Spring，说明市场在提供你进场信息，不能犹豫。
- 翻阅大量历史走势图，观察和分析 Spring，用供求关系解读 Spring

的目的，掌握住它的位置、形态以及反弹后的表现。

- 成功率高的 Spring 发生在上升趋势中，卖盘控制的背景下不能利用 Spring 进场，这个重申多次。

- 如果突破支撑时，成交量相对扩大，必须等待二次测试，而二次测试必须是成交量和高低价差萎缩。

- 不是每个 Spring 都带来价格大幅上涨，进场前，设好止损，进场后，观察是否出现持续新高的阳线，伴随递增的成交量，如果不是，说明市场需求匮乏，供应会趁机进入打压价格，遇到这种反弹，立刻出场，等待下一个二次测试。

- 利用 Spring 来衡量突破支撑时的供应量和反弹时的需求量。正确的 Spring 是：突破支撑时供应耗尽（小成交量），反弹时需求扩大（持续创新高的阳线和递增的成交量）。Spring 交易法的更多内容请登录 www.duoshou108.com 观看视频课程。

第五节　Spring 总结

　　Spring 的重要前提是支撑必须是前面已经建立的强支撑，或者说支撑价位附近需求强劲。当价格突破这种支撑的时候，接下来没有卖盘跟随，我们认为 Spring 可能形成，但不保证反弹成功，我们必须参考市场的供求关系，价量行为和市场的大背景，才能确定 Spring 是否成立。交易市场中，图形不能完全反映走势的方向，我们同时要参考当时的市场背景、供求关系和价量行为。通过这种分析方法，我们才能懂得市场的语言，做到让市场的自身行为指导我们的交易。比如，上升趋势中的 Spring 成功率更高，这里上升趋势就是市场背景。相反在下降趋势中出现 Spring，对于专业做空的交易员是个操作信号，他们会利用下降趋势中 Spring 经常失败这个行为做空市场。

　　另外，Spring 的反弹高度对趋势的判断有重要意义。比如一个震荡区

Spring 引起的上涨没有突破顶部，我们说这个 Spring 没有带来牛市，价格会再次回落，甚至回落到底部，如果在底部没有需求接盘，价格会跌落底部。当价格测试一个坚固的支撑的时候，CM 会制造突破来观察支撑附近的供应和需求的力量对比。如果突破没有产生巨量卖盘，CM 知道供应已经稀少，这种情况下，大量买单会入市，导致价格迅速反弹。比如在战场上，当攻方快打到对方阵地的时候，如果兵力损失很多，他们的进攻力将大幅减弱，守方看到这种情况，会全力出击把对方击溃。市场也是一样，当我们看到突破没有带来大量卖盘（供应耗尽），我们会立刻买入，止损放在突破的最低点。这种进场和公众的心理是矛盾的，他们看到市场很弱会因恐惧而不敢动手，聪明钱非常清楚公众的心理，他们看到突破时供应稀少，会迅速进场，因为在支撑上进场风险是最低的。

微信扫码添加舵手图书知识陪伴官
获取更多增值服务资料

第五章　综合分析：
交易机会，进场点，危机管理

当我们看走势图的时候，观察方法应该深入到价格背后，而不是表象。对市场的判断，首先要有理论基础，当我们在图上找到使理论基础成了价量关系的时候，就形成了判断。比如突破阻力的理论基础是：阻力上的任何卖盘（包括非常有威胁的卖盘）都被需求全部吸收，并且需求占上风。当我们在图上从价量关系上发现吸收行为时，我们知道突破阻力的理论基础已经成立，由此判断阻力会被突破。以后我们每次分析走势的时候，先考虑理论基础，然后在图中找能够确认理论基础的价量，这种方法叫做市场本质交易法。下面的图集中了本书中的知识，图中详细描述了行情判断，交易计划，和危机管理。阅读时，先自己思考，然后看分析，最后在下一章看结果。

图一：利用时间框架分析下一步走势

这是 2009 年 3 月初的标普期货行情，市场背景是非常明显的熊市轨道。熊市中不能随意抄底，这是铁律。按现在的行情，如果要确认趋势反转，聪明钱需要看到以下情况：

图 5-1

1. 理论基础是：供应耗尽，需求占上风。

2. 价量行为是：

    a. 抛售高潮出现后再出现二次测试；确认 CM 接盘后，卖压减轻（供应枯竭）。

    b. 跌幅缩短，供应开始减少，需求乘机进入。

但是无论哪种情况，我们都要看到需求扩大。即使价格跌幅缩短，供应开始减少，如果没有大量需求进入，趋势还是不会反转。要确认熊市反转，无论任何图形或指标信号提示，或者明确要求你做反转（抄底），必须要等到右手边的需求占上风后才能行动。熊市是供过于求，只有需求上来并吸收所有供应，让市场背景转变为供不应求，趋势才能反转。

一般日线出现反转之前，小时线会提前出现上涨行为，我们再看小时图（图 5-2）。

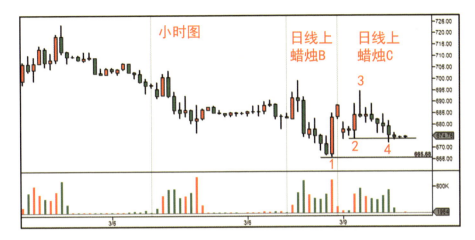

图 5-2

如图 5-2 所示，蜡烛 1 是个放量急涨。前面 5 根柱的跌幅，被一次性抹掉，虽然我们认为这种情况属于空头回补，但是这种放量上涨还是表明市场的行为有改变，至于是否是牛市的开始，还要观察二次测试的过程，才能确认供应是否枯竭。

空头回补导致的上涨和需求扩大导致的上涨有很大区别：空头回补导致的上涨之后，价格迅速带量回落，把前面的上涨快速抹掉，这种上涨不是需求所致；需求扩大导致的上涨，随后的二次测试过程比较缓慢，无论是成交量还是每根蜡烛线的高低价差[①]都相对减小，这表明供应衰竭，需求仍然掌握市场，市场并没有失去前面上涨的所得。即使是偶尔的向下突破支撑，也应该是缩量突破，表明供应枯竭。

接下来的无量回调说明蜡烛 1 的上涨是需求所致，这奠定了市场可能进入吸筹阶段的基础。蜡烛 2 是第二天的高开，又是一个增量阳线，巩固了需求的地位。这个放量阳线吸引了众多跟风抄底者。蜡烛 3 是供应严重淹没需求，它告诉我们，CM 在高抛，抄底者被严重套牢。在蜡烛 2 的需

---

① 高低价差：指每根蜡烛线的最高价与最低价的差值.

求出现之后，没有看到需求吸收供应的现象，反而是蜡烛3那种高抛现象，说明市场浮动供应依然存在，接下来的回调测试就很重要。

蜡烛3之后，供应持续占上风，因为价格开始回落时，成交量在递增。蜡烛4突破了当天低点，抄底者被迫清仓（CM在吸筹阶段不喜欢公众进入市场），同时阴线突破吸引空头进场。这里有两个正面信息：第一，2和4的两次测试都在支撑之上，说明需求强劲；第二，蜡烛4之后，成交量立刻消失，表明供应枯竭。到目前为止，底部已经有两个需求扩大的表现，同时二次测试给出的信息是供应枯竭，基于这两种判断，我们认为接下来行情看涨的理论基础成立。

再看日线，从蜡烛A开始，连续5根蜡烛贴着超卖线，但没有需求出现。虽然蜡烛B收盘在高位，但是十字线说明没有需求进入。但是我们在小时图上已经得出需求进入的信息，这就是我们看不同时间框架的原因。

蜡烛C的特点是：继续下跌，看不出会涨的迹象；同时成交量相对缩小，这种行为是需求匮乏，还没看出CM接盘，他们还在等待合适的价值，只有CM入场产生的需求才能使趋势反转。在小时图上，我们看蜡烛C的位置正好是二次测试，而且这个二次测试已经确认了蜡烛1和2是需求扩大导致的价格上涨，这是我们判断接下来行情看涨的依据。

交易计划：现在进场买入，止损放在日线最低点下面一个点，第一目标是供应线。确认是日线有上涨跟随。

危机管理：如果接下来说日线是阴线，而且成交量增长，这是供应恢复了力量，无论当时是否亏赚，一定出场。

图二：供应背景下的无需求反弹交易法

价格上涨说明需求大于供应，但是如果上涨发生在供应控制的大环境下，我们必须看到超过供应（大环境下的供应）的需求出现，才能判断是否有真正的上涨。因此在供应控制的背景下，如果价格上涨缺乏足够的需求，这个上涨是公众短期的抄底行为或者短线空头回补。如图5-3所示，在市场处于牛市通道中，X 位置从超买线上的下跌力度比较大，这点我们可以从放量和高低价差扩大看出。其中两根较长的阴线成交量非常突出，这是市场的行为出现变化，市场下跌更容易些，此时的背景暂时由卖盘控制。在上升趋势中，买方积极，需求大于供应。一旦对方（卖方，供应方）发力导致价格大幅回落，买方必须使用更大的力量才能让局势恢复。这里我还是使用两军战场上的例子：进攻一方一路获胜，突然对方增多了兵力，导致进攻方失掉大片领地。这种背景下，如果进攻方想扭转战局，必须需要大量援军的帮助，假如援军没有到，而对方攻势又猛，那么原来的进攻方会继续后退，一旦对方控制市场，那么原进攻方会一路败退，直到大量援军出现。

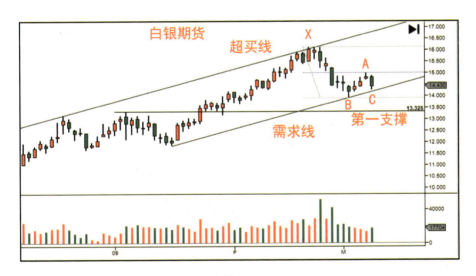

图 5-3

我们再看看图中买方的再次努力是否有更大的、新的需求出现。价格从 B 到 A 回调了 3 天，这三天中，我们没有看到大量需求入市，这个从递减的成交量可以看出，这是典型的无需求上涨。买方没有可以扭转局势的力量，这会导致供应方继续控制市场。另外一个需求虚弱的表现是蜡烛 A，它是停止行为，低量说明需求不足，上影线说明卖盘轻易把价格压下来。蜡烛 C 是停止行为的跟随，表明供应继续控制市场，支撑线会失效。

交易计划：在支撑线上出现无需求反弹是非常危险的，现在关键点已经转移到 A 之后的回调。价格如果没有从 C 点迅速带量反弹，支撑线很可能被突破，并测试第一支撑。我们继续等待，目前没有进场计划。但是我们倾向于行情看跌，如果价格的确突破支撑线，我们在第一个反弹中做空，要求是反弹的蜡烛和成交量必须缩小。另外一个行情看弱的市场行为是 50% 回调，B 到 A 的回调停在前面下跌波（X~B）的一半位置，这种回调叫作正常回调，不会对 X~B 的趋势造成威胁。

图三：面对阻力位的走势判断

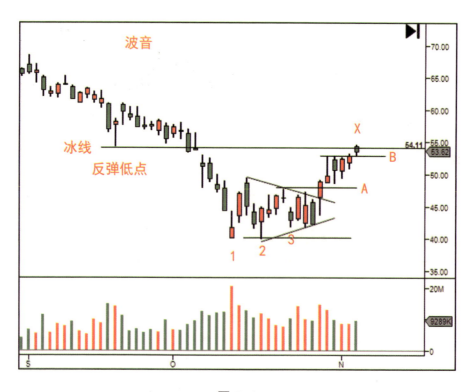

图 5-4

　　首先看市场大背景，如图 5-4 所示，背景是熊市。恐慌抛售发生在蜡烛 1，蜡烛 2 是二次测试，这个二次测试成交量略升，不是很理想，但是远远小于恐慌抛售阶段，这说明熊市暂时停止，是否反转，我们要看吸筹是否成立，另外蜡烛 2 的中间位置收盘说明购买力依然很强，同时蜡烛 2 属于停止行为。在吸筹章节我们说过，吸筹的初期价格波动比较大，随着吸筹的发展，价格波动会趋缓（供应稀少所致）。

　　蜡烛 3 是再次测试浮动供应是否存在，同时它也是对蜡烛 2 的停止行为的测试。这次测试的低点又提高一个台阶，说明需求在增强，同时回调的成交量递减说明供应在减少。后面的阳线告诉我们测试结果是需求大于供应，这些行为发生在正在形成的死角中。我们知道死角预示着走势的大动作，而这个死角中需求大于供应，因此我们知道死角之后的走势是向上突破，后面的突破趋势线和 JOC 确认市场在进行吸筹，吸筹的确认说明价格即将进入上涨阶段。

　　蜡烛 X 测试冰线，冰线是供应区（阻力），这里由于抄底的公众被套，产生很多卖单。仔细观察测试冰线前 A 和 B 的距离，B 和冰线的距离，这是明显的上涨幅度递减，我们称之为 SOT，属于价格停止行为。另外蜡烛 X 的成交量和高低价差没有在阻力区大幅扩大，说明市场缺乏足够的需求来突破供应区。

　　交易计划：在熊市背景下，上涨至前期阻力区，遇到阻力并出现停止行为，行情继续看跌，蜡烛 X 位置可以做空。止损在 58。

　　危机管理：如果带量长阳或者收于中间之上的下影线出现，立刻出场。

图四：JOC，上升通道，支撑上的无力反弹
（无需求反弹交易法）

　　如图 5-5 所示，黄金处于上升轨道背景，价格上升中出现 JOC（跳离区间），特点是扩大的成交量和高低价差，这是进场预备信号，如果出现

低量回测或者价格没有出现大幅下跌的情况，我们可以买入。

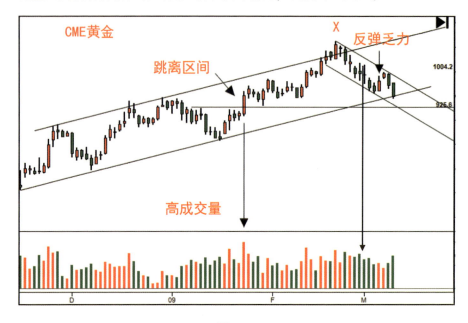

图 5-5

交易计划：当价格回到跳离区间的支撑位置的时候，如果供应没有进入，并出现停止行为，我们将在支撑位置附近买入。否则，不采取行动，这是纪律。

危机管理：如果在支撑线买入，我们希望看到强势特征（连续的上涨伴随成交量递增），那样告诉我们支撑上的需求愿意接收供应。因为目前市场处于供应大于需求的局面，所以必须有强劲需求进入才能吸收供应并扭转局面。相反，如果没有出现我们期望看到的强势特征出现，反而出现小蜡烛和小成交量反弹，这是无需求反弹，我们立刻出场。

在 X 位置，出现超买状态。超买出现后价格会有短暂回落，这个回落过程非常重要，因为它能反映出卖盘是否随着回落而增加，如果是，说明背景里出现卖盘扩大的现象。这种情况下，价格回落的第一目标是通道的中线（这里没有画），第二目标是下轨，如果下轨依然没有需求进入，那么突破下轨是必然。在回落开始我们看到卖盘扩大的现象，这是市场行为改变的信号。

图五：吸收行为，JOC（跳跃小溪交易法）和回测，Spring（弹簧效应交易法）

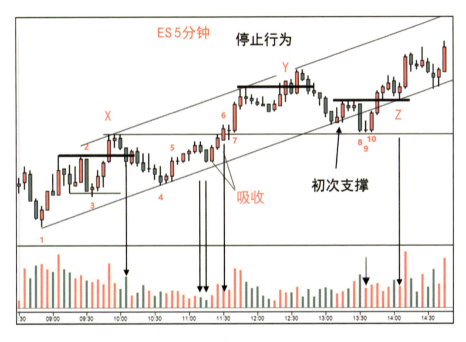

图 5-6

如图 5-6 所示，蜡烛 1 是停止行为，也是需求扩大的行为。它的特点是高成交量，缩短的高低价差，和高位收盘，表明有需求接盘，市场的行为从此改变。蜡烛 2 是开盘以来第一个回落蜡烛，虽然蜡烛很长，但是看成交量，没有任何增长，说明供应没有上来，如果供应扩大，蜡烛 2 对应的成交量应该高于前一天成交量，因此蜡烛 2 需要跟随来确认供应进入市场，否则这个猛跌是震仓。蜡烛 3 非常重要，首先，它表示卖盘没有跟随，扩大了震仓的可能。其次，它是需求（1 开始的高量反弹）后对市场的测试，从 3 后面的阳线看出，测试结果是需求依然大于供应，是价格继续上涨的基础。再次，它是 Spring，也是跌幅减小，属于停止行为，而且成交量持续低迷，说明缺乏供应。以上三点确认需求依然控制市场价格快速反弹到到 X，确认蜡烛 2 是震仓（震仓过程中甩掉了很多跟风的公众）。蜡烛 X 是 JOC，我们期待低量回调后进场，然后供应的持续扩大让我们放弃了进场（我们可以从突破支撑过程中的成交量扩大看出供应没有变小）。我们观察 X~4 这波的成交量是在递减，也远远小于 3~X 的成交量，说明供应没有持续扩大，那么 X~4 中价格在持续下跌，不是供应扩大所导致，又是什么原因造成价格下跌呢？

这种低量小碎步下跌的原因是需求匮乏，CM 没有参与竞价而让市场枯燥下滑，目的是甩掉前面突破时买入的公众（公众的行为可以从突然增量的蜡烛 X 看出，是那种急速上涨的长阳引诱了公众买突破）。这种下跌一旦找到了需求会迅速反弹（因为下跌中没有供应，少量需求进入就占上风）。蜡烛 5 给了我们答案，需求进入导致反弹开始。

蜡烛 5 开始的反弹快接近前期 X 附近的阻力位的时候，出现了两根回落。这个回落意义重大，因为低量说明阻力位置附近没有大量卖盘出现，也就是说这个阻力没有起到阻止上涨的作用，这会直接导致 JOC。我们看回调后出现连续两根阳线反弹，这是吸收行为（需求吸收了阻力位置上的供应）结束的现象，同时递增的成交量说明需求强劲。蜡烛 6 的 JOC 是对吸收和需求强劲的最好确认，我们耐心等待低量回测后进场。后面一个小十字是测试，伴随降低的成交量，这是我们最好的进场时机。蜡烛 7 是测试的结果，需求大于供应，价格正式离开震荡区并进入上涨阶段。

Y 的位置出现了 JOC，但是这波的突破幅度同 7 的突破幅度相比大幅减小，说明需求乏力，期待价格回落去刺激新的需求。持续和迅速的回落过程让我们想起了 X~4，这又是 CM 在玩弄买突破的公众。Y 之后的快速下跌有可能是超卖行为，基于这个假设，我们看是否出现吸筹过程。价格在支撑线（下轨）有初次支撑后，出现超卖高潮（蜡烛8），9是停止行为，表明供应耗尽，然后直接出现JOC，这是对吸筹过程的肯定，同时表明价格进入上涨趋势。低量回调到Z，是进场点。

另外我们在可能X之后的JOC（7突破了X），我们的进场位置是回测跳离点。蜡烛8非常有威胁，它强力突破了支撑线，这是趋势反转的信号，但是突破后马上面临JOC的跳离点（它是需求超过供应的重要支撑区）。蜡烛9的成交量立刻大幅缩小，说明蜡烛8的供应到这时没有继续，这里可以进场。蜡烛10是扩大成交量的反弹，这是对我们进场的确认，说明需求已经吸收了所有供应，并占主导地位。

交易计划：牛市会继续。超买线是上涨的第一个目标价位。

危机管理：如果价格突然回落，带有扩大成交量，止损出局。

图六：需求背景下的50%回调

我们先看图5-7，仔细分析后面会怎么走，你的判断依据是什么？需要考虑的因素是：

市场大背景，哪里画线，需求和供应扩大的位置，停止行为在哪里……

图 5-7

下面是我的观察和分析：

如图 5-8 所示，蜡烛 D 同前一天相比，高低价差大幅缩小，但是成交量在扩大，这是停止行为，价格上涨因供应扩大而遇阻，这是个危险信号。停止行为经常导致价格回落，如果回落是阴线伴随扩大的成交量，属于对停止行为的跟随，价格会继续下跌。D 处于阻力区，当价格触及阻力的时候，低量回落表明卖盘没有涌入，对价格上涨没有威胁。

图 5-8

从 C 到 D 的上涨，我们看到需求强劲，需求大于供应。这种背景下的价格回落，如果是低成交量，说明供应没有上来，那么价格继续上涨。而实际上，从蜡烛 E 开始回调，成交量迅速缩小，说明没有供应参与这个回调。在需求控制的背景下，回调没有供应进入，预示价格会继续上涨。从跟随的角度讲，E 是对 D 的跟随，因为 D 产生供应进入信号，而 E 跟随下跌，但是 E 的低量说明这个下跌不是供应导致，而是无需求导致，无需求的下跌不会持续很久。

如图 5-8 所示，我们看左面的通道，AB 是需求强劲波，价格突破超买线之后回落，这个回落没有超过 AB 的 50%，这是牛市没有受到威胁的表现，然而当价格恢复上涨的时候，有两个需求匮乏的信号，第一是突破幅度减小，第二是这个上涨波的整体成交量很小。这些行为告诉我们价格会出现回落。另外从派发角度分析这个趋势，AB 的上涨角度近乎垂直，这种急速上涨是 CM 因急于出场而制造的抢购高潮，自然回落后的二次测试是低量上涨（同 AB 相比），这说明上涨背景开始改变。在回测支撑的时候，C 的成交量降为最低，卖盘已经无力突破支撑，导致需求进入抬高了价格。

交易计划：从 E 开始的无量回调说明供应还没上来，但是如果接下来有卖盘跟随，而且成交量扩大，说明供应扩大，我们应该放弃买入的计划。如果 E 之后的回调还是小蜡烛伴随小成交量，我们可以在 CD 的 50% 进场。

危机管理：进场后，如果没有出现连续的上涨和递增的成交量，立刻离场。

图七：冰线交易法

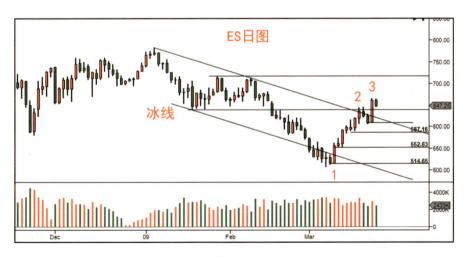

图 5-9

首先问自己一个问题，趋势是什么（或者背景由卖盘控制还是买盘控制）？回答了这个问题之后，我们相应的操作就有了方向。

如图5-9所示，大趋势是在熊市通道中，背景由卖盘控制。价格触及超卖线之后迅速回升至蜡烛2，这个阶段从成交量看出，需求强劲，为突破冰线打下基础。

蜡烛2面临的是阻力（冰线），要想突破阻力，市场需要强劲的需求吸收阻力区的供应（如果有供应扩大的话），蜡烛2之后的两天价格小幅低量回落说明供应没有出现，价格突破冰线的可能增大。蜡烛3突破冰线，同时突破趋势线，这是需求战胜供应的现象。但是蜡烛3太急，有超买或者抢购的嫌疑，我们预判接下来几天会调整，第一支撑在冰线，第二支撑在蜡烛3底部。

蜡烛3的快速突破，需求强劲，接下来需要持续的上涨，或者至少不能失去动力（回调超过50%）。如果回调超过蜡烛3的50%，说明供应在增强。如果突破蜡烛3的低点，说明供应大于需求，因为蜡烛3是需求的来源。蜡烛3后面一天，属于回调，成交量略有减小，我们期待回调停在蜡烛3的低点之上，然后继续上涨。

交易策略：如果回调以低成交量在支撑位置结束，进场做多；第一目标价位是上方前阻力位置（已经画线）。

- 第一支撑是冰线。
- 第二支撑是蜡烛3的低点；如果向下突破第二支撑，等待蜡烛1~3的50%进场，但是到达支撑必须是递减的成交量和高低价差。否则，放弃交易。
- 第三支撑是1~3的50%位置；如果下跌超过50%，熊市恢复。

图八：SOT，停止行为交易法

如图5-10所示，蜡烛1反弹突破了供应线，需求克服供应，随后的2根蜡烛线价格继续上涨，这是强势特征，唯一的缺点是阳线长度在递减，这是 SOT，属于停止行为，会导致价格回落。

图 5-10

蜡烛 2 是二次测试，这里出现 Spring，但成交量太高，说明突破吸引了大量卖盘，这不是理想的二次测试。但是蜡烛 2 的高收盘说明是买方（需求）把突破过程中的供应全部吸收，并且战胜了供应。从另外一个方面说，如果蜡烛 2 想继续下降趋势，它应该突破支撑，并且有阴线跟随。蜡烛 3 表示需求没有跟随，但是这次的成交量大幅缩减，说明供应不足，此行为会导致需求积极进入。

公众看到蜡烛 2 的带量突破，认为趋势会恢复下跌，事实上蜡烛 2 是 CM 的一个策略，目的是买光底部的股票。

行情预测：行情看涨，可以进场，第一阻力在 X 位置。

危机管理：如果上涨至阻力位置的过程是成交量和高低价差都很小，说明蜡烛 2 和 3 的行为没有能吸引到更多的需求进场，那么我们立刻离场。

图九：震荡区

这个是裸图，大家先自己分析下行情，然后预测下一步怎么走？先问自己，这个趋势是什么？

图 5-11

图 5-12

如图 5-12 所示，画线：为什么阻力线划在蜡烛 1 的顶部？因为蜡烛 1 是跳水柱（垂直供应柱），它以扩大的高低价差和成交量突破了 Y，说明供应超过了需求，蜡烛 1 上方是供应的来源。蜡烛 1 顶部被强力突破是进入牛市的前提。

如图 5-12 所示，市场大背景是熊市，我们需要观察下跌过程是否有停止行为出现。蜡烛 X 和 Y 是看似是初次支撑和抛售高潮，这种行为会导致市场进入吸筹，然后进入牛市。抛售高潮之后，价格进入震荡区。在震荡区，成交量随着时间延伸持续减小，这是 CM 长期吸筹的结果，供应在慢慢耗尽。在吸筹区内，价格开始形成高支撑（蜡烛 2 那条支撑线），说明 CM 的最低收购价已经提高，这些是吸筹即将结束的信号。

蜡烛 2 是支撑位置处的 Spring，这确认了吸筹在进行，低成交量说明已经没有供应，价格随时会起飞。2~3 的上涨处于震荡区的右手边，在右手边我们看到供应枯竭（蜡烛 2 附近的低成交量）以及需求扩大（2~3 上涨过程的高成交量）。但是我们没有看到 SOS，所以我们对这个吸筹表示怀疑。价格是否能够突破阻力线上涨，关键看阻力位置需求是否扩大，并吸收供应。

交易计划：现在蜡烛 3 到了供应区，但是低成交量告诉我们需求还是没有出现。如果后续出现强势上涨并 JOC，说明需求吸收了全部供应，使市场进入牛市。JOC 之后，价格再次回落到跳离点的时候，如果是缩量并伴随小蜡烛，我们会进场做多。

如果在阻力位（供应区）出现带量阴线，说明供应再次扩大，那样的话，熊市可能会继续，我们会放弃做多计划，等待机会做空。

图十：震仓的作用

如图 5-13 所示，蜡烛 1 突破阻力立刻返回，这是上冲回落（UT），典型的供应进入市场表现。

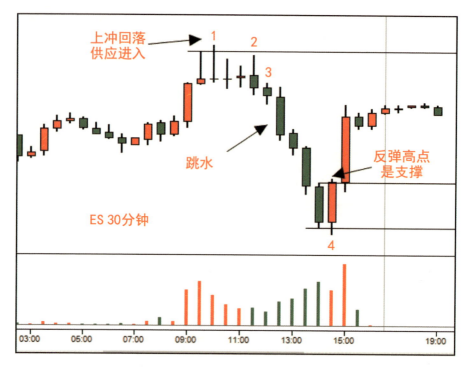

图 5-13

　　我们看到顶部有两个高成交量的上影线，这是个非常重要的市场信息，说明需求没有能力战胜供应并离开阻力区。蜡烛 2 再次努力试图冲破阻力，成交量没有跟上说明缺乏需求，收盘在低位说明供应强劲，行情看跌。蜡烛 3 的成交量和高低价差都非常小，说明还是没有需求进来，价格将继续下跌。蜡烛 4 和随后蜡烛的长阳线迅速反弹，说明前面的大跌是震仓。震仓是 CM 甩掉公众的工具，他们甩掉公众后，价格会继续创新高，恢复牛市。牛市中震仓的特点是：受消息影响突然大幅下跌，但是没有跟随，确认震仓的是随后的迅速反弹。如果牛市中出现突然大幅下跌后没有出现快速反弹，而是出现震荡区，这是派发。

　　行情展望：价格会继续创新高，如果价格出现小幅回调，可以进场，第一阻力是蜡烛 1 的供应区。

图十一：如何分析支撑上的供求关系

图 5-14 中背景是牛市，现在处于回调中，价格正在测试支撑。支撑的形成是因为蜡烛 7 是垂直需求柱。

图 5-14

蜡烛 1 是供应，我们期待价格继续走低，但是下一根蜡烛是阳线，并且低点高于蜡烛 1，说明需求在吸收供应并且把最低价抬高，这是个重要细节，最低价提高说明买方扫清了底部的筹码。现在我们必须观察二次测试的过程来确定下跌是否继续。

蜡烛 2 开始二次测试，但是其低成交量说明价格回落中供应没有扩大，这会导致需求积极进入。蜡烛 3 出现 Spring，价格努力创新低，但是收盘在高位说明需求吸收了供应，这是个成功的二次测试，可以进场。接下两根蜡烛是对二次测试的跟随，行情看涨。蜡烛 4 虽然创短期内的新高，但是高成交量，收在中间位置，说明有供应进入。但是随后的回调过程成交量缩小，说明这个供应枯竭，价格还会继续涨，特别是箭头所指处，下跌幅度缩小，但是成交量扩大，这是需求进入的结果，属于停止行为。

蜡烛 5 是牛市回调中的 Spring，这是停止行为，预示价格将恢复上涨，这里是个进场点。这个 Spring 有个缺点是成交量太大，虽然高收盘说明需求已经全部吸收了供应，但是为了安全起见，最好等待跟随出现。蜡烛 5 后面的小阳线证明了需求的强劲，如果蜡烛 5 是熊市行为，为什么后面接阳线？蜡烛 6 的性质和蜡烛 4 是一样的，有供应进入，因为成交量扩大，但是收盘在中间。

蜡烛 7 是需求柱，放量长阳，需求柱的底部是支撑，当价格再次回到这里的时候，这里是个进场点，前提是测试必须低量小蜡烛。从蜡烛 7 开始，上涨速度加快，趋势线呈垂直状态突破超买线，这是超买行为。连续的放量，告诉我们市场可能进入抢购高潮，抢购高潮一旦被确认，牛市将会反转。

蜡烛 9 是二次测试，这次上涨的成交量已经远远小于 7~8 这一波的成交量，说明这是个成功的二次测试。这种情况确认了 7~8 这波属于抢购高潮，也确认了需求开始萎缩和供应开始超过需求，上涨趋势终止。蜡烛 10 是 CM 主动降价满足公众的需求，说明顶部价位已经没有买家，市场进入下降趋势阶段的可能性增大。

前面说过，蜡烛 7 的底部是支撑，我们期待价格低量回测支撑，然后择机进场。现在蜡烛 11 回到了支撑位置，成交量没有减小，说明供应还继续存在，这会导致价格会继续走低，这个情况和蜡烛 1 类似。如果把 10 到 11 作为一个小的趋势，蜡烛 11 是小型超卖高潮，表示需求进场。接下来的阳线表示需求继续占上风，同样也确认蜡烛 11 的成交量中买盘大于卖盘。但是这个反弹不是很顺利，因为第二根成交量扩大，收盘离开高点说明反弹遇到了供应。我们期待在二次测试过程中，这个供应被吸收。

交易计划：蜡烛 12 是二次测试，这次价格在支撑位之上止跌，中间位置收盘说明需求战胜了供应。这里是个进场点。

危机管理：进场后，我们希望看到连续的上涨，并伴随递增的成交量，即使出现再次测试，我们希望看到小蜡烛和小成交量。但是一旦出现相反的行为，我们立刻出场。

图十二：如何分析阻力上的吸收行为

先看图 5-15，不看下面的解释，自己先分析未来的走势。找出市场背景，停止行为，支撑和阻力，是否存在恐慌抛售或者抢购高潮，是否有无需求上涨？

图 5-15

下面看分析，见图 5-16。

相对前一根蜡烛，蜡烛 1 的成交量增加，但上涨幅度缩小，这是停止行为，表明上涨过程遇到了阻力，供应开始进入市场。随后的一个蜡烛创了新高，但成交量缩小且收盘在低点，是上冲回落（UT），说明顶部需求有所减少，而供应持续强劲。UT 的作用是 CM 引诱公众追高，然后被锁住，紧接着出现卖盘跟随，确认了 UT。蜡烛 2 是对蜡烛 1 的测试，但是 X~2 这波的成交量远远低于蜡烛 1 那波上涨，说明需求已经耗尽。

蜡烛 3 大幅下跌并吞没蜡烛 2，成交量扩大，供应大量涌入市场，追高的公众在低价位得到满足。但是 3~4 的下跌速度反映出超卖行情，我们知道超卖之后价格至少有个反弹。但是之后的反弹过程（一直到 5）中没有大量需求支持，因为这波充斥着小蜡烛伴随小成交量，这是熊市反弹的特点。在市场上供应很强劲的背景下，价格回升没有带来需求，供应则会再次积极进入，导致价格续跌。

交易计划：价格回到阻力（供应区），但是整个上升过程没有吸引到足够的买单入场；如果接下来的蜡烛是放量阴线，价格会跌回支撑位，我们会择机做空。

危机管理：如果在阻力位做空，我们期待下跌伴随成交量递增，否则，出场等候。

图 5-16

图十三：如何使用相对强弱分析来选择股票

很多人热衷于利用解读消息来选股，这种方法有点像赌桌上的猜大小。要知道主力机构的行为影响着市场的走势。他们凭借资金优势，有能力提前得到消息。我们只需要在图上利用价量关系和供求关系来读懂主力机构的意图就足够了，然后跟随他们在消息公布之前采取行动，因为他们获取消息的正确性往往比我们自己解读的正确性要高。

利用市场自身行为选股是指对比大盘和个股的相对强弱，用这种方法之前必须要了解的知识：停止行为，价格的强弱表现，市场的供求关系表现以及支撑的意义。当大盘走弱的时候，某个股没有随着大盘创新低，反而坚挺在某一支撑上（回调没有超过50%）；当大盘恢复上涨的时候，这个股票的上涨幅度更大。这种行为背后的原因是这样的：由于大盘持续走弱，公众因恐慌而抛售此股，但是有大资金在利用这种行情积极收购这只股票，因为他们有足够的证据判断这个股票会涨。在2008金融危机的时候，公众因恐慌而抛售高盛的股票，然而巴菲特却斥资50亿美元买入高盛，之后股票曾一度续跌，记得当时媒体和公众在嘲笑巴菲特，说股神也有看走眼的时候，然而公众们没有想到仅仅过了一年，高盛股价翻了一倍。我们可以把大盘日图打印出来（或者放在一个屏幕上），然后再选择强势板块中的龙头股，并逐一同大盘比较。当大盘走弱的时候，如果有某只股票坚挺在某一支撑上；当大盘恢复上涨的时候，个股的涨势超过大盘。这只股票就是你要找的交易对象。

图5-17是股票和大盘的对比图，上方是个股，下方是大盘，直观上看，这个股票现在值不值得买？

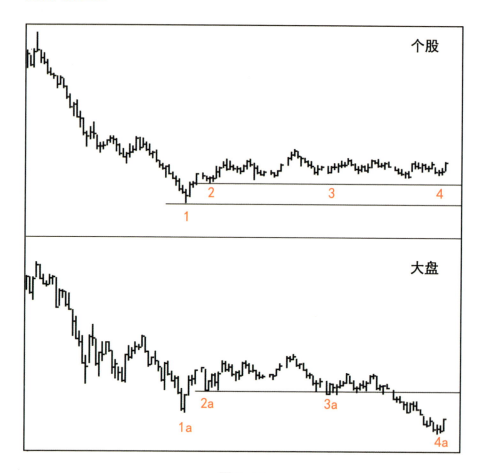

图 5-17

在 1 和 1a 的位置，个股和大盘都创了新低。回升后，看价格回落幅度 2 和 2a，大盘回落接近 50%，但是个股回调仅仅 30%，说明个股强于大盘。同样 3 和 3a 相比，个股强于大盘。

关键是 4 和 4a，当大盘大幅下跌，甚至跌破年内最低的时候，个股反而形成顽固地坚守高位支撑，说明有人在利用大盘狂跌造成的恐慌大量收购这只股票，他如果看跌这只股票，他不会大量收购，他肯定是有根据认为这只股票会给他带来利润，至于是什么根据，我们不用知道。仔细分析他的行为和意图就足够能帮助我们判断走势了，这个人就是 CM。

　　既然从相对强弱上看出，个股强于大盘，我们下面具体分析一下个股，看是否有买入信号。如图 5-18 所示，我把个股放大（这里使用了蜡烛图）。

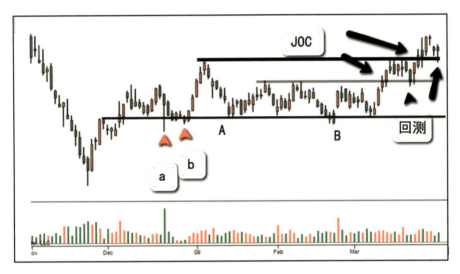

图 5-18

　　市场的大背景是熊市后进入区间交易，那么这个区间代表派发还是吸筹，还是永远震荡下去？首先仔细观察这个震荡区的位置，一直在最高和最低点的 50%位置之上，这种回调属于正常回调，不会影响趋势的方向。最左边的垂直下跌是超卖（这里属于恐慌抛售），然后没有经历吸筹阶段，价格迅速反弹，这种现象不符合威科夫因果关系，我们不寻找任何进场机会。

　　蜡烛 a 是普通震仓，CM 故意突然压低价格的两个目的是：逼迫抄底跟风的出场和引诱空头做空。收盘回到中点之上，即达到了逼迫公众出场（然后 CM 收购）的目的又锁住了空头（空头的卖单被 CM 收购）。从 JOC 角度观察市场，蜡烛 a 是对 JOC 形成的支撑的回测，但是这个回测带来大量的卖盘，这个回测不是理想进场点。蜡烛 b 是二次测试，从低成交量可以看出供应已经枯竭，这会导致需求更加积极进入，造成价格上涨，在这里可以进场，但是只是短期，因为我们没有看到吸筹阶段，没有吸筹阶段的上涨不会持续很久，就像民航飞机一样，要想正常升空，必须经过陆地上的起跑过程。蜡烛 b 之后，价格进入长期的区间交易，至于这个区间是否属于需求，我们需要看区间内部是否有吸筹特征。

确定区间属于吸筹最重要的特征是：向上 JOC 或者向下震仓（然后迅速上扬）。蜡烛 b 之后，价格起飞后 100% 回落，这是供求平衡，没有指导意义，但是同时也看出一点吸筹的特点，那就是在吸筹初期的价格波动剧烈。这里最关键的是 A 和 B 之间，这里为什么形成低位区间？

低位区间出现是因为 CM 在吸筹，他们为了控制收购成本，在尽可能低的价位设置阻力，目的是先把低价位股票全部收入囊中。另外这段时间持续的低成交量也是吸筹的特点，CM 在静静收购股票。第一个 JOC 表明低位区间的股票收购结束，特别是随后的低量回测，也说明在低位区间市场上已经没有股票可买。第二个 JOC 宣告吸筹阶段结束，市场准备好进入上涨阶段。JOC 是确认了前面的区间（震荡区）是吸筹，为我们的操作明确了方向。

交易计划：JOC 后低量回测进场。

危机管理：价格无量回落是我们期待的行为，如果出现放量阴线回到区间内的情况，我们立刻离场。

图十四：如何判断回测是否成功

我们看到非常明显的 JOC（跳离震荡区）出现，吸筹结束，CM 已经撤掉阻力并允许价格上涨。下面要等的就是无量回测，然后进场。UT 的出现说明市场浮动供应依然很多，这个事实非常容易被遗忘。市场上浮动供应大的结果是价格会下跌，直到找到需求或者浮动供应本身减小。浮动供应的出现导致了 UT 到蜡烛 1 的回落，而这个回落过程依然有大量卖盘参与。蜡烛 1 回到了关键价位，这里现在是支撑。前面我们说过，支撑就是买方还是否愿意以同样的价钱接盘。如果在蜡烛 1 直接买入就是盲目抄底，因为我们还不知道需求是否上来或者供应是否结束。

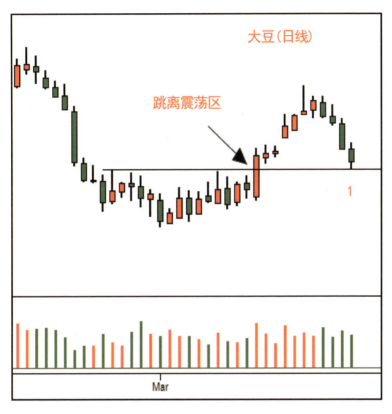

图 5-19

交易计划：

- 如果接下来放量向下突破支撑线，离场等候。
- 如果是阳线上攻，并突破蜡烛 1 的高点，符合我们的预期，进场。
- 如果反弹后再次低量测试支撑，应该再次进场。

危机管理：因为是做多（买入），进场后的确认是连续的阳线，特点是更高的高点、低点和收盘价。如果进场后，反弹表现出小蜡烛伴随小成交量，这是需求匮乏，立刻离场。

图十五：这个对做短线很有帮助

图中市场背景是牛市后形成震荡区间（简称 TR），每次价格触及阻力位后放量下跌，这是阻力位的供应开始扩大的现象，我们的第一感觉是价格会回到震荡区的底部，顶部供应很强劲。

图 5-20

如图 5-20 的顶部，A 和 B（UT）是强劲供应的结果。价格先是上涨引诱公众追高接盘，同时逼迫空头平仓（空头平仓行为是买入），这个冲高的过程中卖盘方是 CM，他们在转移风险，行情看起来倾向于派发。

这里介绍一下 C，它的作用是促进了行情看跌的倾向，因为这个 Spring 没有产生应该有的结果（持续需求支撑价格持续上涨）。

我们在看 TR 底部双方的力量对比，D 区的横排小蜡烛是 JOC 之后首次回到需求区，这里我们没有看到持续的供应出现，否则价格会突破支撑。在需求区没有供应出现说明支撑没有受到威胁。蜡烛 2 在测试蜡烛 1

的 JOC 时出现停止行为（Spring），是需求强劲的行为。蜡烛 3 是 JOC，也是 SOS（蜡烛 4 的无量回测确认了 SOS）。在 TR 中，Spring 之后出现 SOS 并得到了确认是吸筹阶段的价格行为。另外我们不要忘记现在大的背景还是上升阶段，特别是这个 TR 低点还没有回到整个上涨的 50%，这更说明了上涨趋势还没有受到威胁。到此为止，我们关键看价格再次涨到阻力区时的双方力量对比，如果阻力区没有出现供应，市场恢复牛市的概率增大。

E 虽然触顶急跌，但是低量告诉我们没有供应，特别是它没有跟随，说明这次威胁不大。4 和后面的蜡烛在 3~E 的 50% 位置组成 Spring，低量告诉我们突破过程中供应耗尽，在 50% 挺住说明上涨没有受到威胁。F 前面的长阳说明价格准备好冲出 TR，但是低量告诉我们需求不足，价格需要回落刺激新的需求。蜡烛 5 是再次回测区间的 50% 位置，供应扩大（高量），如果有卖压跟随，区间 50% 的位置会被突破，价格会继续下跌并去测试震荡区底部。但是后面的阳线，给了我们一些新的市场信息：

1. 先看阳线的反弹速度的快慢，快速反弹说明需求保持强劲，另外从反弹速度来看，蜡烛 5 的下跌更像是震仓。它把价格挺在了 50% 之上，说明上涨依然没有受到威胁。

2. 这个阳线最低点的升高，说明 CM 的收购价已经抬高，也就是说在阳线的下面已经没有股票，这种行为导致价格上涨。

交易计划：综合以上风险，我们更倾向市场在进行再吸筹，不是派发。如果认为蜡烛 5 那波是震仓，我们在阳线后轻仓进场，止损放在蜡烛 4 的下方低一点的位置，然后看市场是否对震仓有成功的低量测试。

危机管理：反弹之后，如果成交量立刻大幅缩小，说明需求后劲不足，这会导致价格回落，如果回落时成交量上涨，说明有卖盘介入，我们应该做离场准备。如果顶部出现 A 和 B 的行为，并且有卖盘跟随，我们应该在接下来无需求上涨的时候离场。

图十六：如何使用超卖线

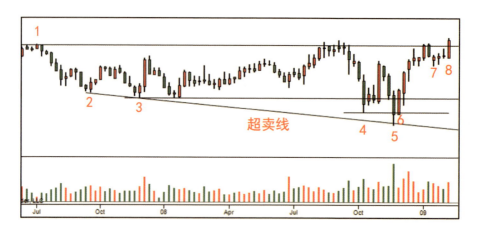

图 5-21

当我们看到一系列波峰或波谷，我们要画线，如图 5-21 所示，2 和 3 的位置是连续的波谷，然后把它们连线并延长。这条线叫超卖线，凡是价格回到或突破超卖线，我们说市场有超卖的现象，超卖之后至少有个反弹，有时反弹带量强劲需求，说明趋势会反转。

在震荡区交易中，蜡烛 4 是大跌中出现的 Spring，但是超长的高低价差和扩大的成交量告诉我们，这更像是震仓，目的是看震荡区底部还剩下多少供应，接下来我们等待二次测试。

蜡烛 5 是二次测试，低点正好触及超卖线。超卖导致价格反弹（蜡烛 5 和 6），蜡烛 5 的天量非常重要，首先，价量关系告诉我们蜡烛 5 是需求介入和停止行为，因为天量的卖盘努力没有使价格大跌，这是努力没有结果。其次，这个成交量是年内最大的成交量，我们可以说它是恐慌抛售或者是终极震仓，终极 Spring 等，名字不重要，重要的是我们知道 CM 为了把底部股票全部收购而制造的震仓。CM 同时也在观察突破过程中是否带来他们承受不了的卖盘，如果是那样，价格会持续下跌。但是蜡烛 6 告诉我们 CM 有能力吸纳所有卖盘，并且这种能力把收购价的最低顶抬高。

蜡烛 6 快速反弹并收盘在高点，收盘价超过蜡烛 5 高点，此确认了蜡烛 5 是终极震仓。这个图的关键在超卖线，是它告诉我们低点在哪里，没有它，我们就没有了参考。

当价格回到了阻力位，有没有看到大的回落？或者说明有没有大的供应出现，并超过了需求？答案是没有，价格回调到蜡烛 7，没有看出下跌力度，反而蜡烛 8 跳离了震荡区（JOC）。

交易计划：我们判断行情看涨。蜡烛 8 如果有跟随，说明 JOC 得到了肯定，即使是回调，我们也希望是缩小的成交量，这样需求还保持优势，上涨的动力还没有减退。价格无量测试跳离点的时候，就是进场点。

危机管理：如果回落 JOC 跳离点的时候是高量阴线，我们继续等新的二次测试。如果新的二次测试还是高成交量的阴线，我们放弃进场计划。

图十七：阻力上出现供应后，跟随很重要

先看图 5-22，价格回到阻力区，下一步是上还是下，如何做准备？

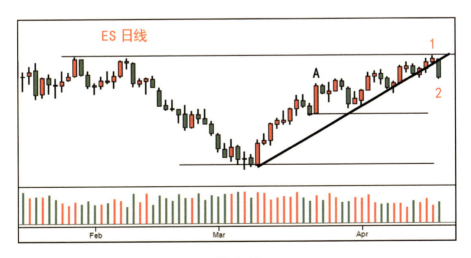

图 5-22

蜡烛 1 是上涨幅度减小（SOT），属于停止行为。阻力位置出现停止行为，会导致价格回落。

关键看蜡烛 2，是对停止行为的跟随，并且突破了支撑线，直觉上价格还会继续下跌。如果蜡烛 2 是供应导致的下跌，成交量应该大幅扩大，但是蜡烛 2 的成交量只是略有上升，给我们的判断造成困扰。观察从底部起来后的整个上涨过程，需求保持强劲状态，因为上坡的力量和成交量明显大于下坡。这波最痛点在 50% 位置，同时垂直需求柱 A 的低点也在 50% 附近，因此 50% 是个重要支撑位置。同整个上涨过程比，蜡烛 2 的成交量不是很明显，市场还没出现 SOW，现在关键是跟随。

交易计划：如果有卖盘跟随蜡烛 2，而且成交量继续扩大，说明供应开始扩大，导致价格下跌，我们可以在反弹时做空。相反，如果明天没有跟随，说明供应没有扩大，如果出现反弹立刻拒绝蜡烛 2 的下跌，说明新的需求吸收了全部的供应，我们可以进场。危机管理是不能再次出现放量阴线。

图十八：突破趋势通道后等待什么

如图 5-23 所示，左边背景是熊市，蜡烛 1 成交量有所增加，而且是阴线，说明供应还在继续扩大。当价格反弹到蜡烛 2 后开始回调，这个回调过程没有成交量进入，说明供应在缩小。蜡烛 3 测试前期底部后放量反弹（需求接盘），而且后面一根蜡烛需求更加强劲，向上跳离了震荡区间（JOC），这是个背景改变（背景由熊市转为牛市）的信号。如果这波放量上涨是需求（我们假设），回测应该是小成交量伴随小蜡烛，这是个买入机会。

图 5-23

交易计划：等待价格回测跳离点，符合测试条件，就买入。

危机管理：如果是放量回测跳离点，放弃进场计划。

图十九：为什么牛市反转必须等待供应出现

图 5-24 是周线，我们第一眼能观察到什么市场行为？这种行情有没有交易机会。

价格处在上升轨道中，我们可以观察以下行为：

1. 在需求线（支撑线）上，供应是否被吸收，并且价格不断被抬高。

2. 看价格是否突破支撑（需求线），如果是，要看突破过程才能确定趋势是否会反转。

3. 价格是否处于超买状态（突破超买线）。

市场背景是牛市，看方框内部蜡烛，贴着需求线小幅波动，但是没有任何反弹，从这点能看出需求匮乏。一般需求匮乏将导致价格回调，但不一定导致趋势反转。要想使牛市变为熊市，我们必须需要供应扩大。单靠需求匮乏是不能够将牛市转为熊市的，**一定是在供应扩大的背景下，需求匮乏才表示熊市即将开始。**

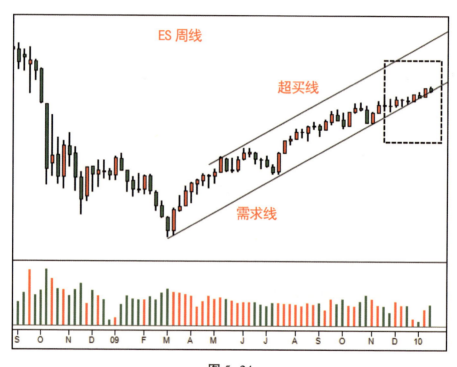

图 5-24

在这个图上，我们没有看到供应柱出现，任何一个阴线都没有跟随，说明供应全部被吸收。从周线级别上看，价格可能会回调，但不是反转。

下面看日线（图 5-25）的最右边的走势：

虽然周线的上涨迟缓，需求匮乏，但是日线上价格依然不断创新高，支撑位也不断提高，图上标出了两个重要支撑。

假如看熊，我们应该看到什么？第一，顶部下来的阴线带有大幅扩大的成交量（供应），而且必须有跟随，如果没有跟随，说明供应被需求全部吸收，价格将继续上涨；第二是新高是长上影线，并伴随大幅扩大的成交量，然后也要有阴线跟随。蜡烛 3 是涨幅缩小（SOT），这是停止行为，会导致回落。蜡烛 4 是出现阴线和扩大的成交量，这是卖盘在跟随，但是价格还坚挺在支撑上。蜡烛 5 不是卖盘跟随，下跌暂时停止，现在市场处于供求相持阶段，一定要等到 SOS 或 SOW 出现再做决定。

图 5-25

交易计划：牛市中需求减弱，会导致价格回落，但不是反转。现在的价格行为是一上一下交替进行，这是因为上升趋势中供应的进入造成，这种行为会带来价格回调，我们这里不采取任何行动。

图二十：什么是无需求反弹

死角是供求力量相持（就是趋势线和阻力线交叉的位置），任何一方稍作努力都会打破僵局，确定方向。突破死角的后果是价格行为会很剧烈。上升中，需求大于供应，但是现在能够僵持局面，是供应力量增大导致。在阻力附近形成死角和供应加大的背景下，卖方稍作努力，价格会突破死角，然后大幅下跌。

图 5-26

如图 5-26 所示，背景是上涨中价格突破上升趋势线（同时突破死角），扩大的成交量和阴线意味着市场背景可能会转变，下面关键看价格是如何反弹测顶的。反弹从蜡烛 1 开始，连续 4 个小蜡烛，没有任何上涨力度，虽然最后两根成交量大幅增加，但是低收盘说明供应超过了需求，行情看跌。

交易计划：现在做空，第一目标是前跳离阻力的位置（上坡的 50% 位置）。

危机管理：如果长阳出现，说明需求吸收了供应，我们立刻离场。

图二十一：Spring 失败和二次测试

先观察图 5-27，看能找出哪些知识点，然后看下面的分析。

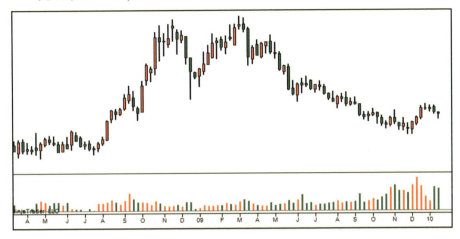

图 5-27

蜡烛 X 是停止行为，也是超卖反弹，在这里画支撑线的原因是这里需求强劲（属于垂直需求柱）。

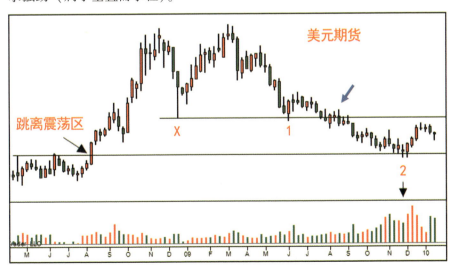

图 5-28

先看蜡烛1，这是对垂直需求柱的测试，这个测试形成了非常标准的Spring，看似进场点。但是有两个问题我们要考虑：第一，这个反弹没有跟随，表明没有需求。第二，蜡烛1之前的下跌波供应占上风（因为下跌力度太猛）。在供应大的背景下，Spring经常失败（卖盘控制的市场，Spring是做空信号），需要二次测试。

然而二次测试（箭头所指区域）中的卖盘依然大，这个可以从突破支撑时的成交量扩大看出。另外二次测试后反弹虚弱，说明买方没有兴趣入场（没有需求）。这个二次测试的系列行为可以提前告诉我们下跌在即。

蜡烛2是我们要等的JOC测试，仔细对比这次测试和箭头处所指的测试。这次测试有以下行为：

从顶部下跌以来，成交量持续低迷，直到回测支撑的时候才持续大幅上涨，这说明了什么？在回答之前我们看价格下跌幅度，从箭头区域到蜡烛2下跌过程非常缓慢。如果是成交量是卖盘在大幅增加，那为什么价格不大幅下跌？这只能因为买方在行动，他们在张着口袋接盘。（威科夫理论中叫作bag holding），换言之，需求在大幅进入市场。特别是蜡烛2之后的连续带量上涨（SOS），更说明需求强劲。接下来是测试，我们发现测试中浮动供应依然存在（价格继续上涨的阻力），但是我们也发现，这么大的卖盘（成交量）努力下，价格下跌幅度很小，特别是最后一根的小下影线说明这么大卖盘被吸收。

交易计划：耐心等待测试结果和再次测试，如果结果是阳线出现，说明需求的力量在持续，可以进场。但是要留心第一阻力位置，毕竟那个位置供应很坚固，因为价格突破了强劲的需求区，需要强大的需求才能跳离阻力区。如果JOC出现，确认了我们的进场，同时也给我们提供了新的进场点（低量回测JOC的时候）。

图二十二：如何判断是否在支撑进场

如图 5-29 所示，在震荡区内部，市场向下突破小型冰层，然后两次尝试返回冰层之上，结果铩羽而归。

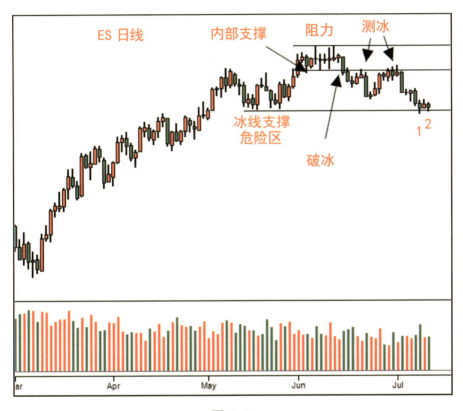

图 5-29

一般而言，市场在上涨或下跌突破重要的价格后，回调是 1~3 根蜡烛。我们看到，向下破冰后的第一次反弹是 3 根小蜡烛，成交量递减，这是需求匮乏（无需求反弹），买方没有能力使价格返回冰线之上，因为突破冰层说明供应超过需求，如果需求不足，无法战胜供应并推动价格继续上涨。后来再次测试冰层，在冰层附近连续 4 根小蜡烛，成交量没有扩大，情况和第一次一样，需求没有能力吸收供应并推动价格上涨。买方的两次努力失败，说明空方在防守冰层，供应在控制市场。

蜡烛 1 放量，试图向下突破主要支撑，但是最终形成 Spring，说明需求在增强。另外蜡烛 1 是高量小蜡烛，这也是停止行为，如果接下来有买盘跟随，价格会上涨。蜡烛 1 触及支撑反弹后，蜡烛 2 是对其的二次测试，这次成交量还是相当大，我们希望成交量更小些。不过有一个现象更有利于价格向上，那就是高量卖盘下，价格没有大幅下跌，很显然，这是需求扩大的结果。

交易计划：在主要支撑上连续 3 根的收盘相近，说明卖压减轻；而且大背景是牛市，现在这个震荡区还在整个上涨波的 50% 之上，属于正常回调，牛市没有受到威胁。蜡烛 1 和 2 的价量关系说明需求在扩大（bag holding），最安全的做法是等待 SOS，然后在低量回测的时候进场。

危机管理：价格突破主要支撑区，然后无需求反弹，这种情况出现后立刻离场。

图二十三：趋势线通道

如图 5-30 所示，上升趋势中出现急速上涨，这一直是对牛市的警告，因为急速上涨说明 CM 在为后面的派发引诱公众接盘。然后看蜡烛 B 后面的跳空阴线，成交量在下跌中扩大，导致背景里出现了增强的卖盘，这种行为对牛市是个威胁。新的需求必须进来并把这些卖盘吸收掉，才能恢复牛市。但是反弹是四根小蜡烛，而且成交低迷，直觉告诉我们，新的需求没进来，买方不积极，供应还在占上风。

供应控制的背景下，价格到了支撑线附近，同时蜡烛 1 是标准的 Spring，但是这个 Spring 发生在供应控制的背景下，我们需要看到需求恢复力量后再决定进场。

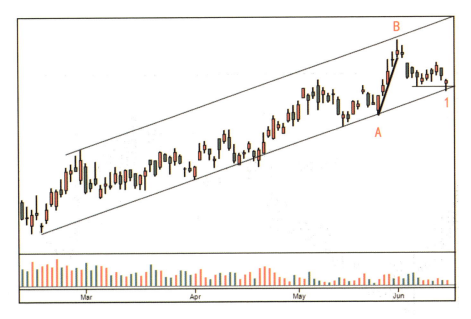

图 5-30

交易计划：如果需求没有上来，这个 Spring 会失败，下跌会继续，所以不考虑买入。另一种情况，如果紧跟着一个带量长阳，我们希望看到价格超过跳空柱（因为那里产生大量卖盘，需要被吸收），然后我们可以在低量回调时进场做多。

图二十四：如何从细节看出需求或供应的力量

如图 5-31 所示，X 之前出现抢购高潮，供应出现，但是 X~Y 的回落没有供应跟随（**供应力量弱**），预示价格还会涨。从 Y 起来这波需求力量弱，这会导致供应再次尝试。蜡烛 1 的收盘和长度标示了供应再次出现，这次出现的力度远远大于 X，随后一根蜡烛向上努力失败后，蜡烛 2 的放量下挫更加明显地确认了供应在持续。这里非常关键，市场行为已经开始改变（牛市是阳线大于阴线，现在阴线扩大，不是牛市特点），需求此时必须扩大，并把价格推到蜡烛 2 的上方，市场才能继续保持牛市；如果反弹还是没有出现需求，市场进入熊市。

图 5-31

这里有个插曲，就是蜡烛 2 形成 Spring，千万别上当去抄底。因为有供应在背景里，Spring 经常失败，很多公众认为大跌后应该抄底，这样非常危险。

蜡烛 2 之后，反弹开始，第一根是长阳，这个阳线最低价高于蜡烛 2 的最低价，这个是非常重要的细节，它暗示需求暂时占上风。但是到蜡烛 3 的下跌说明反弹没有跟随，特别是蜡烛 3 收盘在底部，将追高的筹码套住，说明反弹遇到了强大的供应（阴线成交量扩大），这最终会导致价格续跌。到 3 为止，市场处于做决定阶段，如果接下来价格继续回调并测试下面支撑区，必须是小蜡烛和小成交量才能保证价格继续上涨；

如果回测支撑还是长阴放量，说明下跌没有遇到需求，这会导致价格继续下跌。

蜡烛4是二次测试，成交量略微减小，说明供应没耗尽，市场需要需求进来吸收全部供应并推高价格。蜡烛4之后的小幅反弹，我们还是没有看到需求进入；随后供应再次出现，导致蜡烛5突破了冰线，市场进入熊市。

交易计划：蜡烛6开始反弹，没有买方参与（低成交量），这是供应背景下的无需求反弹，行情继续下跌。我们会在价格测试冰线并出现停止行为的时候做空。

危机管理：我们做空后，如果看到带量下跌，继续持仓。否则，任何阳线突破冰线的行为出现，我们立刻离场。

微信扫码添加舵手图书知识陪伴官
获取更多增值服务资料

第六章　综合分析结果

图一

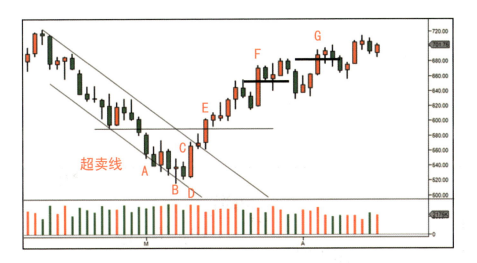

图 6-1

　　由于小时图上的需求扩大，导致价格上涨。如图 6-1 所示，在日线上，蜡烛 D 正是我们需要在日线看到的跟随，因为小时图已经准备好上涨，我们也已经进场并等待跟随出现，蜡烛 D 给了我们答案，说明日线上也清楚地看到需求扩大的现象，这是对我们进场的确认。短暂休息后，蜡烛 E 最终跳离了供应区，并突破了供应线，这是需求战胜供应，从此行情进入需求主导的牛市。我们看到，每次 JOC 后（F 和 G），价格的回调力度都小于上涨力度，这是需求控制市场的体现。从日线上看，吸筹阶段不明显，类似 V 型反转，因此小时图的重要性就体现出来，它可以让我们看到清楚的吸筹阶段。

图二

如图 6-2 所示，价格向下突破了需求线，证实了我们的预测。然后又经历了 3 天的反弹到 D，但是递减的成交量再次告诉我们上涨没有需求支持，我们可以在 D 进场做空。随后价格下跌至第一支撑处，但是最后一天的下跌速度和成交量急剧扩大，市场可能出现了恐慌抛售，这是下跌的停止行为。因为这个长阴突破了所有支撑，而且成交量巨大，这特别符合震仓的特点。如果接下来是无需求反弹，可以继续做空，如果是立刻大幅度反弹，说明前面的长阴是震仓，说明 CM 为了吸筹逼迫公众因恐惧而抛掉筹码，这样就扫清了底部的供应。

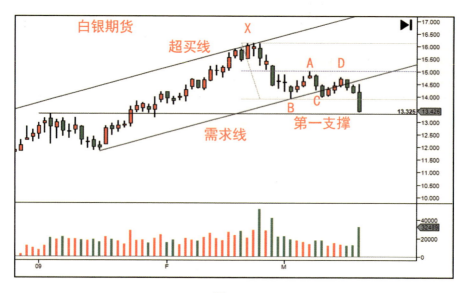

图 6-2

　　图6-3是走势的延续，蜡烛E的迅速带量反弹，证明了前面的长阴是震仓，买方希望需求继续控制市场，但是E之后的两天成交量急速下跌，说明需求的后续力量没有跟上。此时买方的希望就放在接下来的回调上了，如果是低量回调，说明卖盘稀少，价格会继续涨，否则价格会继续跌。价格回落到F，卖盘没有减弱，因为成交量在递增。F是对导致反弹的需求的测试，但是F后面的小阳线告诉买方测试结果不乐观，因为低量小阳线说明没有买家进入。G是量增下跌，低量阳线之后是阴线说明卖盘占上风，下跌行情继续。

图6-3

图三

　　在冰线出现卖盘跟随（X后面一根），确认了SOT的停止行为。

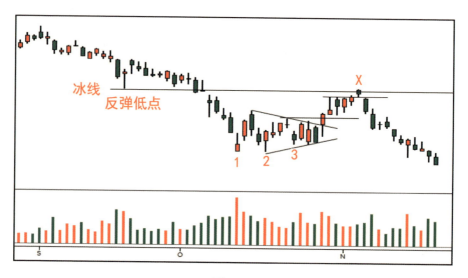

图 6-4

图四

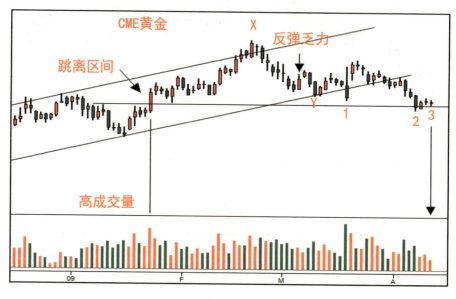

图 6-5

如图 6-5 所示，价格跌到 Y 位置，触及需求线后反弹，但是反弹虚弱，没有需求进场，这告诉我们需求线没有起到支撑作用，支撑失效，突破是必然。同时，价格回调过程中出现了放量下跌（蜡烛1），这是明显逢高抛售，供应在控制市场。蜡烛1是关键信号，它反映出市场的倾向，我们的判断要基于市场的倾向，而不是某个形态或指标。

蜡烛2，价格回到了JOC的支撑位，这是我们需要仔细观察的关键位置，因为我们可能会在这里进场。但是其成交量很大，说明供应没有枯竭，不符合我们的进场要求，我们要耐心等二次测试。蜡烛2之后的反弹非常虚弱，这给我们决定是否进场造成障碍，因为我们没有看到需求。

蜡烛3，是二次测试，供应枯竭，因为它是小成交量和小高低价差。这种供应出现真空的背景下，如果需求稍稍努力，价格会上涨。我们可以在这里先买一些，等需求出现后，我们再找机会补仓。

继续看后面的走势，如图6-6所示，假如我们在蜡烛3的位置买入，灾难性止损放在跳离区间蜡烛下方一个点的位置，因为那里是需求的起始。蜡烛3之后的反弹乏力，说明这个二次测试没能吸引到买家，这种情况的结果是价格还会有新的二次测试。对于目前仓位，我们要做好逃跑准备，但关键是观察下一个二次测试的过程。

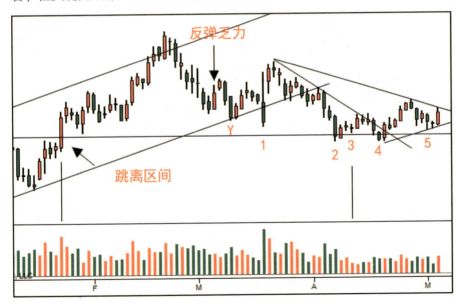

图6-6

蜡烛4是新的二次测试，小成交量告诉我们没有卖盘扩大的现象，目前持仓安全。第二天的阳线是测试的结果，说明需求在底部吸收了供应并占上风。从蜡烛4起来的反弹突破了最新的下降趋势线，既巩固了蜡烛4的支撑，又说明需求超过了供应。

蜡烛5也是二次测试，同样，小成交量和高收盘说明供应很弱但需求相对较强。接下来的阳线表明需求全部吸收供应，并占主导地位。同时价格进入死角，在底部出现的死角，需求只需稍作努力，就会引起价格快速上涨。我们期待着它发生。从另外一个方面来说，在支撑位置，如果反弹总是无法带来价格的大幅上涨，那说明需求不够，市场后续可能会出现震仓，我们需要做好出逃准备。目前在死角当中，需求大于供应，因为上涨波的成交量和蜡烛长度大于下降波。另外蜡烛5的低点在支撑线之上，更说明需求强劲。

下面是市场后来的走势，如图6-7所示，蜡烛6突破了死角，实现了我们的预期。

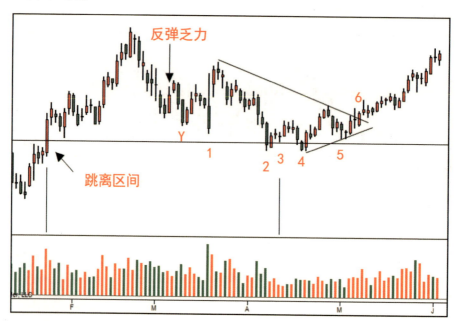

图 6-7

图五

图 6-8

蜡烛 10 反弹这波是 SOS，后面的低量测试确认了 SOS。市场依然处于牛市。

图六

如图 6-9 所示，蜡烛 E 之后，价格没有继续回调，而选择立刻上扬，说明需求吸收了短暂供应后继续控制市场，如果进场，可以在 E 之后蜡烛进场。从吸收角度看，DE 是短暂的吸收过程，其中 E 是威胁行为，但是被需求立刻吸收，结束了吸收阶段。

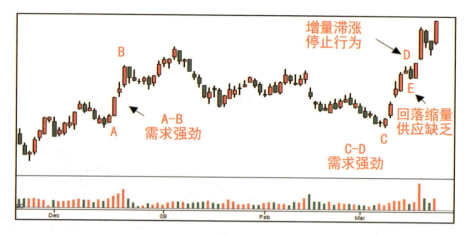

图 6-9

图七

蟹烛 3 之后，价格进入调整，回调蟹烛的收盘价全部在蟹烛 3 的低点之上，其中有一次有危险的阴线下探，被需求立刻阻止。说明这个调整属于吸收阶段。同时，在蟹烛 3 的 50% 位置出现 Spring，这是进场点。

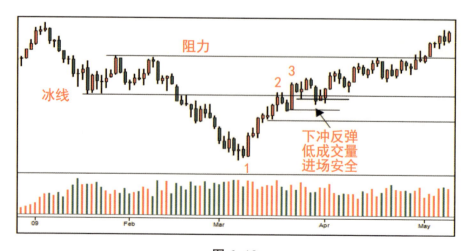

图 6-10

图八

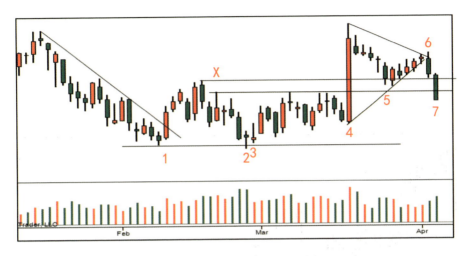

图 6-11

如图 6-11 所示，从蜡烛 3 开始的上涨，不断提高的低点，告诉我们需求在控制市场。另外每次的价格回落，成交量都小于上涨波，这是供应不足的表示，对我们的仓位没有威胁。

蜡烛 4 是 JOC，如果价格再次回到跳离点（回测过程是小成交量和小蜡烛），又是个进场位置。

蜡烛 5 是回测，但是成交量很大且收盘在低位，表明供应仍然比较大，还需要一个二次测试来确认供应萎缩。但是从蜡烛 5 起来的反弹，成交量递减，这是个警告，表明反弹过程需求匮乏，这不是牛市的特征，这里应该减仓或出场，如果向下突破死角，则平仓。

蜡烛 6 和 7 的出现，让我们彻底放弃了入场买入的想法，阴线且成交量扩大，是供应再次出现，这是失败的二次测试，行情看跌。

图九

蜡烛 3 后没有出现 JOC 的现象，反而出现了卖盘，特别是随着价格下跌，成交量大幅递增，这是供应在扩大，因此我们放弃进场做多计划。**熊市要反转，必须看到需求持续扩大的现象，特别是在区间的右手边要出现强势上涨现象。**

图 6-12

图十

后续走势，我们没有看到小幅回调，失去了进场机会。价格回升到供应区，没能吸引大量需求进入，导致供应再次进入，如图 6-13 所示，当价格再次回到阻力区的时候，大量卖盘充斥市场，导致价格下跌。

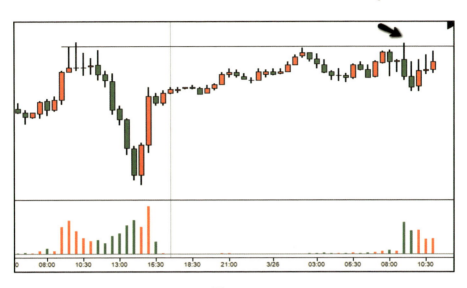

图 6-13

图十一

如图 6-14 所示，蜡烛 12 是成功的二次测试，证明下跌趋势终止。从

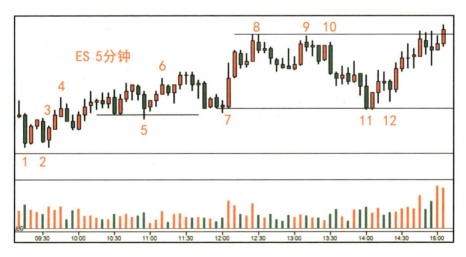

图 6-14

CM 的角度讲，蜡烛 12 说明他们在故意压价来引诱空方，但是低成交量说明空方没进入，导致价格恢复上涨。蜡烛 12 之后价格出现带量上涨，说明蜡烛 12 吸引了买盘跟随，也说明二次测试的结果是需求强劲，价格会继续上涨。我们的第一目标是蜡烛 8 的阻力区，因为那里有被套的公众，他们正焦急地等待价格涨回来，他们好保本抛售。如果出现 JOC，我们等待第二个进场点（在低量回调的时候）。

图十二

如图 6-15，蜡烛 6 的出现，首先否定了 JOC 的可能，因为在阻力区出现了供应扩大的现象（高成交量阴线出现在右手边阻力位，这是非常清楚的熊市信号），背景已经转变为熊市。蜡烛 6 是重要反转柱，因为这个阴线包含了前一根蜡烛，在英文中叫作 OKR，表示市场的行为已经转变。第二张图是熊市抄底的后果！

图 6-15

　　如图 6-16 所示，蜡烛 6 之后，卖盘有跟随。接下来的反弹没有过 50%，根据威科夫 50% 原则，市场继续看跌，这是个做空点。第二个做空点在破冰后回测冰层位置。冰层是 CM 为了派发而设立的，一旦突破说明 CM 不再保护冰层，因为他们在派发区内的派发接近结束，公众在满仓的情况下，已经无力再投入（需求耗尽），导致价格穿过冰线。冰线的突破意味着价格会深度下沉。

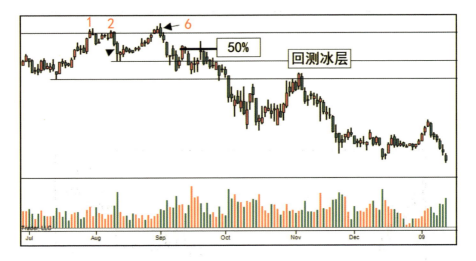

图 6-16

图十三

　　蜡烛 d 是 JOC 回测，可以进场，然后出现连续的阳线，特点是更高的最高价、最低价和收盘价，这是牛市特征，确认了我们的进场。如果没有这种情况出现，价格可能进入横盘整理阶段（我们等待下一个 JOC 和回测再进场）。一旦出现阴线回调伴随扩大的成交量的现象，减仓或平仓离场。

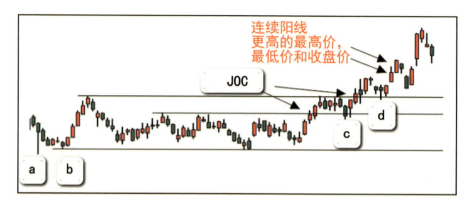

连续阳线
更高的最高价，
最低价和收盘价

JOC

d

c

a b

图 6-17

图十四

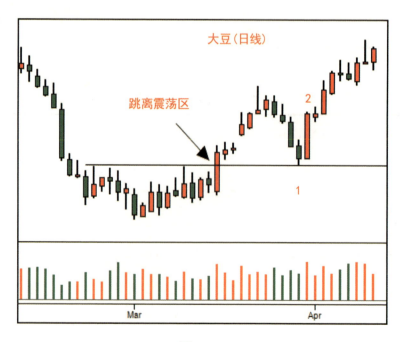

大豆（日线）

跳离震荡区

2

1

Mar   Apr

图 6-18

如图6-18所示，蜡烛2是测试结果：需求大于供应。蜡烛1本身有停止行为的倾向，因为它的成交量并没有减少，说明卖方在努力，但是缩小的高低价差和收在支撑之上，说明卖方的努力没有成功，从这方面我们看出支撑附近的需求依然很大，蜡烛2的带量强势反弹说明需求不但吸收了全部供应，而且把价格推高。

图十五

如图6-19所示，蜡烛5之后的反弹有跟随并把价格带到阻力区，这时我们看到接近阻力的两根蜡烛是高收盘，这是吸收行为（阻力区的吸收行为导致JOC）。接下来的JOC再次确认了再吸筹，符合预期。接下来关键是回测JOC的过程是否有供应，如果是无量回测，我们可以进场（或加仓）。

图 6-19

补充一下：最后一根 UT 出现了超买行情和供应进入行为（高成交

量），这是个威胁，关键是接下来的回落中供应的力度，如果供应耗尽，我们可以进场，否则必须等待新的机会。

图十六

蜡烛 8 之后，价格回调，成交量没有扩大说明供应没有出现，需求还是占上风，可以进场。进场后，如果出现放量的阴线，立刻离场。

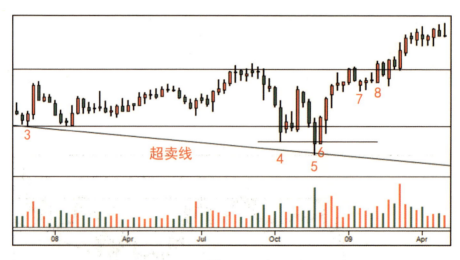

图 6-20

图十七

蜡烛 2 没有卖盘跟随。蜡烛 3 的成交量超过蜡烛 2，有更多的需求在吸收卖盘。

蜡烛 3 之后的反弹乏力，让我们开始怀疑开始的判断，因为这种供应出现后的无需求反弹会导致价格继续下跌，目前价格的回落过程和二次测试决定着价格是否继续下跌。蜡烛 4 是二次测试，但成交量依然大，还是有供应进入，收盘为阳线说明有需求在努力吸收供应。

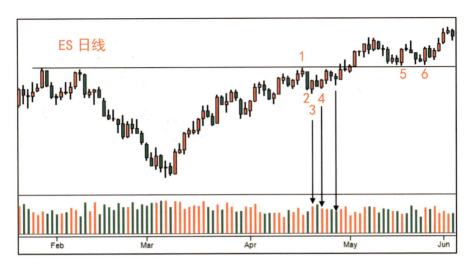

图 6-21

目前为止，市场处于关键阶段，但是从蜡烛 3 起来的走势中，下跌幅度明显小于上涨幅度，说明供应在耗尽，需求在保持力量。如果出现放量下挫的情况，是对蜡烛 2 的跟随。蜡烛 4 之后的阳线收盘高于蜡烛 4，说明需求吸收卖盘后继续控制市场，导致 JOC 出现。接下来蜡烛 5 和 6 是测试 JOC 跳离点，它们的无量回测给了我们进场机会。

图十八

如图 6-22 所示，蜡烛 4 符合进场条件，因为回落过程中没有大幅卖盘加入，同时蜡烛 4 是 Spring，我们买入，止损设置在蜡烛 3 的下方。我们期待接下来有阳线跟随，蜡烛 5 确认了我们的进场。这里有一个疑问要解答，那就是成交量没有大涨，在牛市最初阶段，蜡烛 3 已经聚集了大量需求，而此时的低成交量表示供应枯竭，这是主力机构的一个策略，他们不希望在牛市初期吸引太多公众进场。

图 6-22

下面的图 6-23 是接下来的走势。

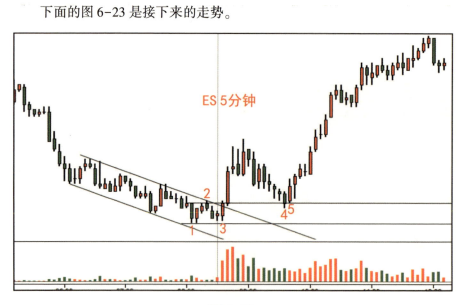

图 6-23

图十九

价格迅速跌破蜡烛 1 和蜡烛 2 处的支撑，有些超卖的味道。随后市场继续下跌，蜡烛 6 是前期支撑处的 Spring，是下降停止行为（也是小型抛售高潮），我们需要二次测试来观察后续市场的供应是否缩小或衰竭。蜡烛6后面一根是二次测试，成交量缩小，表明供应衰竭，可以进场。蜡烛7之后出现强势上涨（需求强劲），蜡烛8是回调中出现的Spring，表明需求吸收供应并把价格抬高，下面第二张图是后来走势。

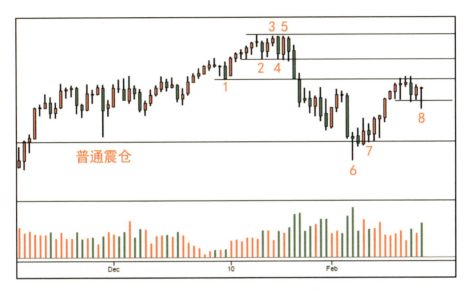

图 6-24

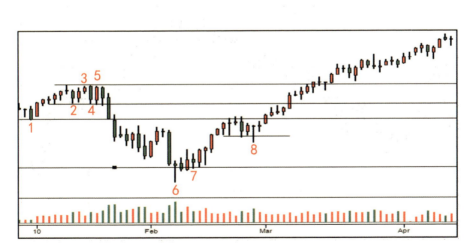

图 6-25

图二十

如图 6-26 所示，在到达第一目标后有停顿，停顿期间连续的高成交量说明供应依然强劲。市场并没有改变当前的熊市背景。我们说过，要想熊市背景转变，必须看到需求柱，此图中并没有出现需求柱。相反，经过一段时间的停顿后，市场在供应的控制下，价格大幅度下跌。方框处于重要支撑的位置（JOC 回测），这里应该是买入点，是否买入要看测试时候的价量行为。

如图 6-26 中方框所示，我们看到 JOC 的支撑被突破，突破过程中的卖盘明显增加，因为成交量扩大。这种行为告诉我们：要想支撑有效，接下来必须是强劲需求出现，不但有能力吸收供应，而且有能力抬高价格，但是我们从方框中没有看到这种行为，这是无需求反弹，直接结果是价格继续下跌。

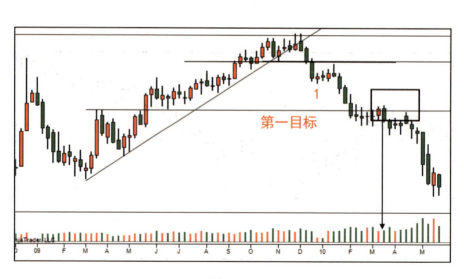

图 6-26

图二十一

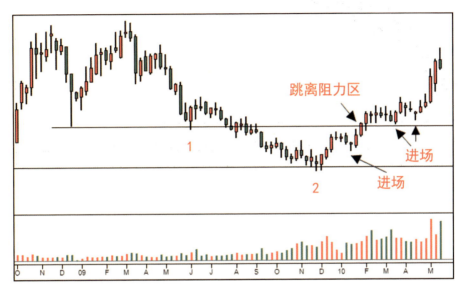

图 6-27

如图 6-27 所示，SOS 后测试结果是阳线出现，表明需求继续控制市场，可以进场。接下来出现 JOC，确认了我们的进场。在回测 JOC 的时候，我们有了新的进场点。

图二十二

蜡烛 2 后面需求进场，价格上扬，我们可以进场，接下来的连续上涨确认了我们的进场。

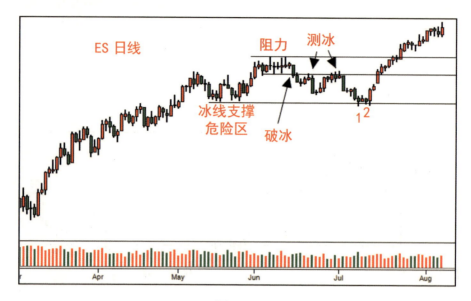

图 6-28

图二十三

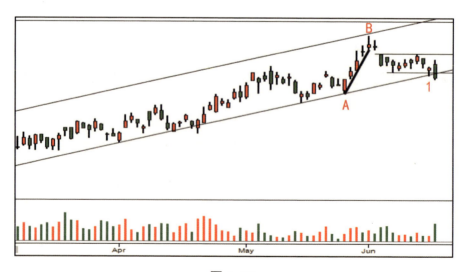

图 6-29

Spring 之后，出现增量阴线，这个阴线不仅下跌突破了震荡区，而且也跌破了上升趋势线（需求线），需求没有恢复力量，我们不能行动。如果后面出现反弹并突破跳空柱的时候，说明需求战胜供应，我们可以进场。

这个例子再次证明在卖盘控制的背景下，Spring 经常失败。卖盘背景下的 Spring 是做空信号。

图二十四

如图 6-30 所示，冰线突破后，蜡烛 6 开始的无需求反弹，导致供应价格继续下跌。我们没有得到进场的机会。冰线突破，新的趋势开始和原趋势彻底消失，冰线本身是 CM 为了高位派发自己设立的支撑，他们派发完毕的第一个动作就是不再防守冰线，或者说撤掉支撑，因为他们派发完毕，不会再建多仓，直到吸筹阶段。价格没有 CM 的力挺，等于没有重要的需求在场，导致价格持续下滑。

图 6-30

微信扫码添加舵手图书知识陪伴官
获取更多增值服务资料

后　记

　　本书的唯一目的是让大家在证券市场上赚钱。大家可以通过识别吸筹，分析吸筹以及如何操作牛市。我们要知道，不是市场上的每一刻、每一个移动都值得花时间去分析，甚至去找个什么理由进场。很多技术指标经常在不重要的阶段里给出信号，一些没有经过训练的公众盲目地执行这些信号，导致亏损。只有你掌握了吸筹或者派发的分析过程，你才可以赚钱。价量行为只有在吸筹或者派发的时候表现得更清晰。在很多时候，如果 CM 不在市场里，价格移动是随意的，里面的价量行为也极其模糊，这时候是我们应该休息的时候，而不是盲目听信其他人的推荐而去交易。

　　CM 代表着大资金，高成交量的出现是他们所为。有的高成交量代表真正的市场行为，有的是陷阱，因为 CM 是想利用高成交量或者暴涨的价格来迷惑公众。比如长期下跌后的市场突然出现长阴伴随天量，这不是真正的下跌，这是 CM 使用的障眼法，目的是制造恐怖气氛，我们把这种天量行为叫作恐慌抛售。如果熊市结束没有出现恐慌抛售，这不符合 CM 的做法。当他们看到没有出现恐慌抛售，他们还会想办法在吸收阶段实施震仓，其作用和恐慌抛售一样，也是制造恐怖气氛，目的是逼迫被套的公众割肉。

　　很多公众迷恋技术指标，梦想着通过各种指标的组合制造赚钱机器。特别要说的是，千万别把本书中的方法和那些指标系统组合起来用！因为指标本身就是遵循表象的数学公式，数学公式无法撼动市场规律。假如懂得了本书中的方法，并准备在实践中运用，这说明有机会走出迷雾。但是如果设想着把本书的方法和原来的指标系统组合在一起，等于走了回头路，接下来还是在市场中无休止地挣扎。

威科夫的方法是独立和完整的，不需要再添加其他的方法。我们只需理解其中道理，然后一步一步地去在实际中运用。比如你理解并记住恐慌抛售，那么就在实际中寻找类似情况，然后看他们以后的发展是否有自动反弹和二次测试，然后是否出现震仓，或者 SOS。如果慢慢习惯了用这个顺序解读市场，我们看市场的角度和习惯就更接近 CM。

这本书中的细节很多，永远不要想着眉毛胡子一把抓，只掌握一个到两个方法就能开始赚钱。比如牛市回调，这个看似简单，但是很多人无法正确使用。首先要知道现在是否在牛市中。什么样的行情支撑着牛市？只有需求占上风才支撑着牛市；什么是需求占上风？当我们看到连续的阳线伴随递增的成交量，或者以波为单位，每个上坡的蜡烛和成交量都比下坡的大，这也是需求占上风。懂得了需求占上风的条件后，还要判断什么样的回调是你需要的，如果不是你需要的，立刻放弃。需求占上风背景下的回调应该是更小的蜡烛和成交量，我们扣扳机的地方是停止行为，所以我们还要至少掌握一个停止行为，比如 SOT，或者弹簧效应。现在懂得了需求的背景，懂得了需求的回调特征，再加上掌握 1~2 个停止行为，这一套方法就形成了，然后反复实战，慢慢就成了自己的赚钱机器。判断和进场方法掌握之后，还没完，必须掌握危机管理方法。所谓危机管理就是对你进场时机的甄别，这种甄别过程发生在进场后的 1~3 根或者 3~5 根蜡烛之内，一旦发现进场过早或者判断失误，要没有任何借口地立刻出场。

当你熟练地掌握了一种方法之后，要把它用熟，别去和任何指标组合。能够让你赚钱的方法很有价值，它可以使你立足于市场，并晋身市场上少数赚钱者之列。

交易笔记是必不可少的工具，可以用自己的电脑，也可以建博客。把你的进场、出场、交易结果和感悟贴到博客中，每天都贴，然后坚持下去。慢慢会发现你在自己学习，是你自己让你进步。我们学的不是方法，我们学的是盈利！